O ENSAIO COMO TESE

O ENSAIO COMO TESE:
estética e narrativa na composição do texto científico

Víctor Gabriel Rodríguez

SÃO PAULO 2012

Copyright © 2012, Editora WMF Martins Fontes Ltda.,
São Paulo, para a presente edição.

1ª edição 2012

Acompanhamento editorial
Helena Guimarães Bittencourt
Revisões gráficas
Ivani Aparecida Martins Cazarim
Solange Martins
Edição de arte
Adriana Maria Porto Translatti
Produção gráfica
Geraldo Alves
Paginação
Moacir Katsumi Matsusaki

Dados Internacionais de Catalogação na Publicação (CIP)
(Câmara Brasileira do Livro, SP, Brasil)

Rodríguez, Víctor Gabriel
  O ensaio como tese : estética e narrativa na composição do texto científico / Víctor Gabriel Rodríguez. – São Paulo : Editora WMF Martins Fontes, 2012.

Bibliografia
ISBN 978-85-7827-547-1

1. Análise de textos 2. Ensaio como tese 3. Estética 4. Narrativa 5. Teses 6. Trabalhos científicos – Redação I. Título.

12-01429   CDD-808.02

Índices para catálogo sistemático:
1. Estética e narrativa na composição do texto científico : Ensaio como tese : Teses acadêmicas : Elaboração : Retórica   808.02

Todos os direitos desta edição reservados à
Editora WMF Martins Fontes Ltda.
Rua Prof. Laerte Ramos de Carvalho, 133 01325.030 São Paulo SP Brasil
Tel. (11) 3293.8150 Fax (11) 3101.1042
e-mail: info@wmfmartinsfontes.com.br http://www.wmfmartinsfontes.com.br

"Wenn ich Kultur höre ...
entsichere ich meinen Browning!"
JOHST, Hanns, *Schlageter*, 1933

"Frente a la razón pura físico-matemática hay, pues, una razón narrativa. Para comprender algo humano, personal o colectivo, es preciso contar una historia."
ORTEGA Y GASSET, José, *Historia como sistema*, 1942

ÍNDICE

INTRODUÇÃO

§ -2	Desgaste	11
§ -1	Extremos	15
§ 0	Estrutura	26

PRIMEIRA PARTE
(o ensaio e a ciência)

§ 1º	Criação	31
§ 2º	Cérebro	49
§ 3º	Literatura	56
§ 4º	Narrativa	71
§ 5º	Estética	93

SEGUNDA PARTE
(a universidade)

§ 6º	Decantação	99
§ 7º	Limites	106
§ 8º	Citações	107
§ 9º	Mercado	111
§ 10º	Produtividade	113
§ 11	Expurgos	116
§ 12	Certezas	119

Referências 127

INTRODUÇÃO

§ -2

A rigidez acadêmica poderá impor entraves à afirmação que faço, mas que é premissa deste texto: o método de redação científica com que lidamos encontra-se desgastado. A facilidade da busca e do armazenamento da bibliografia e a cristalização de algumas rotas que se impõem como vias únicas para acesso a esta ou àquela área do conhecimento, para enunciar apenas dois fatores, têm incomodado cientistas. Talvez por notarem a falta de eficácia do acúmulo incessante de referências, talvez por pleitearem a desconstrução de estigmas que vedam a busca de caminhos novos a partir de suas raízes, ou até por uma percepção genérica de que o método recomendado não dá vazão ao pensamento, o *fato* é que algumas *boas* teses aparecem hoje, na América e na Europa, com feições do *ensaio*.

Desgaste do método científico

Então o que este pequeno estudo (que só coincidentemente é um ensaio) busca responder é se a *ensaística*, tida como forma ou aproximação ao método e estilo do ensaio, deve ou não ser aceita para construir e enunciar ciência humana. Acredito que cheguei a uma conclusão, depois de todo um processo de pesquisa, que responderia a essa questão afirmativamente, porém com tantas ressalvas a beirar o proibitivo; mas não posso agora adiantar nos pormenores esse desfecho circunstanciado. Porque creio que a conclusão é sempre um mistério antes de o processo de escrita findar-se por completo, como devo tratar oportunamente. Mas mesmo que a assumisse como definitiva, minha frase que hoje me parece conclusão, se destacada de todas as considerações que devem antecedê--la para torná-la aceitável, soaria falsa. Preocupação maior que me vem é deixar bem registrado que não crio por mim mesmo uma proposta de ensaística para a ciência humana, nem sou eu quem originou o descontentamento com o sistema de ultrarreferenciação das teses acadêmicas atuais. Observo somente o fenômeno tal como ele está, daí busco uma reflexão que espero que em algum momento sirva aos cientistas para que diferenciem entre o ensaio que objetiva a construção científica (ele existe?) e aquele que foge ao enfrentamento de etapas, à comprovação da pesquisa solvente, e assim não se devota à complementação do conhecimento científico em sua unicidade. O grande risco do ensaio – isso sim posso antecipar – é que ele facilite a fuga à pesquisa necessária. Mas, se não for utilizado como subterfúgio à investigação, traz a vantagem da forma livre, da sinceridade do impulso criativo e, ainda que pareça paradoxal, da possibilidade de exposição objetiva de uma ideia nuclear, que aparece mascarada quando em um texto de estrutura inflexível. Isso apenas por enunciar algo a título de pré-introdução.

Recusa à definição literária de ensaio

Tampouco me atrevo aqui a buscar uma definição literária de *ensaio*, como tentam, com maior ou menor competência, teóricos. Creio que conheço o bastante a conclamação de muitos para que ele venha a ocupar seu espaço nos capítulos de gênero literário manualizados, porém essa matéria me desviaria muito de foco. Sem desprezar os que lutam por essa alocação, pois sei que muito há ainda por falar-se, a catalogação literária realmente importa aqui muito pouco, desde que se saiba o que é. Se, entretanto, surgir aqui algum diálogo com textos relevantes que a seu tempo buscaram defini-lo, é mais por aproveitar ou comentar aqueles pensamentos que já tentaram referir-se ao espaço da ensaística, talvez a seu lugar acadêmico. Se eu alcançar neste trabalho um conceito de ensaio, será um algo tão limitado a este texto que não valerá enunciá-lo senão no momento em que ele tiver força e lugar em cena.

E, porque falei de alguns referenciais teóricos, peço licença para dizer o óbvio: que esta minha consideração somente tem sentido se situada no tempo. No atual. Este texto não nasce da inquietação em se definir se Aristóteles era um ensaísta, ou se Montaigne foi mesmo desbravador ao tirar de uma observação particular um enunciado teórico, ou, pior, algo que pensei muitas vezes, mas deixarei aos literatos, saber se os antigos ensaios são em algo diversos das atuais crônicas dos mais ilustrados. Não. A proposta é estudar o que representa esse estilo *hoje*, que constantemente aparece como uma revolta ao objetivismo puro, como válvula de escape para pensamentos *livres* (ou que sobram, ou desencaixados, ou fora de método e apenas aparentemente relevantes, ou relevantes porém distantes da proposta e então aproveitáveis somente ao autor e não ao leitor), que não cabem na metodologia rígida da ciência humana.

O lugar e a definição do ensaio são importantes apenas porque me inquietam. Tal sim é elemento-chave em minha provisória conclusão, que, já disse, como boa conclusão, virá ao final, se vier. Afirmar então que o bom tema para a investigação é aquele que desassossega investigador já diz algo sobre um preceito que aqui estará difuso, acerca do que significa fazer ciência humana. Como atividade de criação, a investigação científica humana não aceita encomenda, não admite encargo. Se há como se encomendar a produção de um automóvel ou o desenvolvimento de uma nova droga, é impossível que se encarregue a alguém a construção de uma tese sobre determinado tema, ao menos uma tese legítima. Se um mestre consegue lançar uma problemática ao discípulo e daí exigir que construa uma boa tese, só aparentemente logrou transferir incumbência do tema; de fato em seu pedido está latente a arte de motivar muito o discípulo, a ponto de o tornar inquieto para buscar a resposta ao extremo de seu esforço e de seu intelecto. E a lança em terreno fértil, se houver sorte.

Nenhuma conclusão está fechada

Assim o papel da ensaística na escrita científica parece-me um tema fecundo porque guardo acerca dele um pensamento ambivalente. Tivesse eu uma opinião formada desde o início, a necessidade e o sentido de escrever estariam comprometidos. Como na narrativa, é preciso existir o embate em qualquer proposta de ciência humana, e ele deve nascer do próprio autor, que duvida com sinceridade, que busca em si próprio a resposta. Caso contrário há apenas informação, e isso não me parece ciência, menos ainda algum tipo de criação literária. E um dos grandes segredos do autor da ciência – não resisto a expor logo – é saber conservar essa tensão durante a pesquisa, como um novelista mantém a curiosidade sobre o futuro de seu próprio personagem, mesmo já havendo planejado seu destino. Se experiente, o narrador, como o pesquisador, sabe que essa segurança de planejamento é volátil, que o próprio processo de escrita pode levar a um novo pensamento, "O texto em determinado momento se escreve a si mesmo", dirá qualquer bom escritor, que todo dia antes de iniciar as linhas de sua novela policial perguntará a si próprio se o assassino é mesmo o mordomo, apenas porque as coisas mudam. Ou seja, ele sabe que as ideias se alteram e que aquele que se propõe a descrever uma concepção encerrada perde seu principal momento de reflexão, o tempo da escrita. Aqui aproveitei esse tempo, o que, creio, se poderá notar.

§ -1

Essas impressões antagônicas acerca da escrita ensaística e científica, decantadas e polarizadas, *ainda* dialogam para uma proposta final de solução. Nunca desapareceram de todo, mas é certo que em determinados momentos, distinguíveis, predominaram umas sobre outras. Poderia dizer que essa instabilidade não passa de uma evolução de pensamento: adquiri experiência, acumulei conhecimento e mudei de opinião, até aceitar por completo a metodologia científica com suas peculiaridades de redação, e dela agora acho que não me desgarro. Mas, se fosse assim simples, o tempo cuidaria de soterrar todas as dúvidas que guardo hoje sobre a parcial ineficácia da escrita científica para a demonstração de fenômenos reais, que parecem explicar-se apenas pelo impressionismo. A única vantagem dessa sucessão (inconstância) de predomínio de opiniões é que posso neste texto descrevê-la como um processo, porque o tempo – eixo de progressão narrativa – a separa com nitidez. Ao menos, dá alguma ordem a meu trabalho.

V. Teria eu vinte e cinco anos de idade. Então consolidava a redação de minha dissertação final de mestrado, mas só pela perspectiva do tempo noto que era um momento propenso para um conflito pessoal. Enquanto engatinhava na ciência, às voltas com a produção daquele texto, recém publicara minha obra de ficção, que não era *tão* infantil: um livro um tanto autobiográfico acerca de crimes, corrupção e umas dúvidas morais. E vários relatos, nascidos de um personagem real que me marcou muito, e a quem em algum momento aqui voltarei a referir. Um homem, por assim predicar, complexo. Por observá-lo fiz ficção não tão imatura, digo, como era imatura minha vida científica. Desde aqueles dias já mantinha um vício de escritor, que adquiri com um mestre da redação e da criação que prefiro não nominar, mas que inoculou o veneno do perfeccionismo que eu talvez por incapacidade desvir-

O conhecimento científico descarta recursos linguísticos?

tuei, mas eu falava do vício: vício que me forçava à anotação crítica diária acerca dos meus textos ou de minhas ideias para novas criações, quaisquer que fossem. Desordenadamente, sem método, mas com constância eu me autocriticava, então não foi inusitado o que redigi no papel autocolante num desses intervalos de estudo acadêmico, "*a leitura dos livros para citação não pode significar a perda do meu estilo*", a frase inteira porque era daqueles *post-its* enormes que já não se vendem mais. A sentença padecia de alguns erros conceituais que me era impossível notar naquela fase, porém o que dela sobrevive não é um receio infundado.

Empolgado com um possível futuro de escritor, temia que o domínio da linguagem científica funcionasse como um freio à composição do estilo e bloqueio à criação. Minhas leituras sobre estética, argumentação e redação me levavam a pensar ser consequência do processo de aquisição de linguagem a perda natural, por sobreposição, dos antigos recursos de expressão em detrimento dos novos vocábulos, técnicos ou aparentemente técnicos, como aqueles jargões travestidos de ciência que nada denotam além da ausência de recursos linguísticos. Se então, ao estudar a ciência, eu notava que o domínio de um tema consistia quase somente no aprendizado de novos vocábulos (aprendizado para uso ativo, com suas combinações, com sua semântica), minha apreensão tinha fundamento: o receio de que a imposição dos métodos de pesquisa impusesse um imperceptível processo de paráfrase ao cientista, condenado a reproduzir grandes ideias em também repetidas microestruturas frasais, a pretexto do método.

Texto próprio, pensamento alheio

Os erros do *post-it* eram poucos e provavelmente, só provavelmente, severos. A busca pela construção do estilo é uma falácia, porque é a produção constante de texto (publicado ou não) que dá ao autor a possibilidade de externalizar com perfeição sua identidade; jamais o inverso, a criação artificial do estilo somente induz afetação, inútil até mesmo à arte. Sei disso agora. Daí que era infantil a preocupação em construí-lo ou perdê-lo. Mas havia outra parte, precisa, no pensamento: não sei se no momento exato de rabiscar no *post-it*, mas reverberava na mente o conselho do primeiro editor, que com competência relativa sentiu que algum dia eu poderia redigir ficção. Quando o autor se põe a fazer uma história não pode ler novelas, deve ler jornal, ensaio. Ver futebol, ir ao bar. A leitura da ficção para produção de outra transforma o autor em um imitador inconsciente. Se era assim (e é assim), meu medo solidificava: quando eu estava prestes a formular uma concepção inovadora na ciência, uma leitura ocasional me fazia de imediato aterrissar no pensamento alheio, que por bom que fosse não era meu. E o pensamento alheio não poderia compor um texto próprio.

Qualquer pesquisador experiente nota que minha concepção era natural da vaidade de quem não assume a necessidade da pesquisa, o anseio por inovar antes de compreender o estágio em que a ciência *já* se encontra, daí o despiste de muitos cientistas por poéticos caminhos próprios que são tudo menos construção de conhecimento. Eu concluiria isso muito depois. Desse tempo ainda me resta somente a imagem, que vem espaçadamente, de que adotar a linguagem científica é trancar-se em um luxuoso cárcere de grades de ouro. Essas poesias que ficam na mente, grudadas como o *post-it* em algum rincão do cérebro, porque vez ou outra consigo notar que minha autenticidade como escritor, minha capacidade expressiva, minguou depois que mergulhei na ciência. Mais por um processo de falta de liberdade que de capacidade, na história da cela dourada.

IV. Mas outro extremo, a aceitação, com o passar dos anos, das vantagens do método científico, da interligação de todas as ciências em um sistema – vou ao lugar-comum – de vasos comunicantes e do rigor necessário de

Os ridículos livre-pensadores

alguns estudos (o avanço no doutorado, os estágios de pesquisa no exterior, a compreensão dos elementos qualitativos do texto que expressa ciência e, tenho que dizer, a distância da atividade forense, dentre outros fatores), em alguns momentos me faziam rejeitar qualquer tipo de pensamento subjetivo. Nesse segundo estágio que agora vou narrar, cheguei a entender ridículos, acho até que não sem razão, os que se autointitulavam *livre-pensadores*. Não por desprezo à liberdade mas por passar a reconhecer em muitos a incapacidade de sistematização de raciocínio, oculta por vocábulos gongóricos colhidos no próprio discurso científico. Já observou Brás Cubas que algumas pessoas têm facilidade de colher apenas a casca, a ornamentação, e na ciência não seria diferente: alguns são uma fraude completa, os livre-pensadores assim me pareciam. Fingem erudição com algumas citações de almanaque e não raro têm a audácia de falar em método, racionalidade e demonstração inequívoca. A rejeição que em mim se acumulou durante os anos (e que se nota que perdura) àqueles que redigiam sem método científico parece que progrediu a extremos enquanto eu me apaixonava a regras, na leitura das teses acadêmicas e de todas as publicações que conseguisse alcançar, como obrigatoriamente fazem aqueles que aspiram à carreira na Universidade.

Curioso foi que, quando me dei conta de que rapidamente eu migrara a outro extremo, ou seja, formara um posicionamento ultraconservador acerca do rigor do método, sequer pensava especialmente em ciência. Havia recebido recentemente meu título de Doutor em Direito e, sem suspeitar que era ali que apenas começava minha carreira como pesquisador, fui convocado a trabalhar como assessor na Corte Suprema, com a responsabilidade de redigir minutas das decisões de um Ministro-juiz. Do melhor deles, em minha opinião – e sei que não o digo apenas por gratidão[1]. Mas adentrei ao Judiciário – sei disso

---

1. Aliás, gratidão é muito rara nos cientistas, mas esse é outro tema.

agora – atolado em preconceitos que me foram plantados pelas críticas das teses, que desprezam a prática do Direito, sempre insinuando o autoritário reducionismo da jurisprudência. Acreditava que, como cientista, eu era ali na Corte o único que detinha um pensamento lógico, um pensamento sistemático. E neste exato momento em que escrevo, imagino que muitos cientistas, não só do Direito, repudiarão minha consideração de que existe – ou, melhor dito, que *pode* existir – um método coerente, escrito, em muitos juízes e advogados que não têm formação científica, mas que são dotados de raciocínio pragmático e senso de observação mais eficazes e aguçados que tantos pensadores puristas.

Tardou a que eu aceitasse que a simplicidade e a direção do estilo direto do Judiciário tinha sua razão de ser; ou era eu que estava contaminado pela ideia acadêmica de que não se pode dar uma opinião razoável quando ausente a infinidade de citações de autores respeitáveis atualmente, em um extraordinário *up-to-date* tecnológico sem o qual, achava eu, nenhuma controvérsia poderia ser solvida, pois a chave da solução seria uma ciência específica, que eu tentava dominar. Assimilar que existe uma atividade-conhecimento em que o que importa não é criar novos problemas, senão solucioná-los, foi algo que me tomou tempo e até hoje me suscita dúvidas sobre o devido aproveitamento da ciência (que é muito diverso de indagar sobre sua *utilidade*), pois me sentia como o estudioso da Psicologia que não suporta ver um paciente curado apenas com uma conversa afetuosa de quem não domina os tratados de Freud e seus herdeiros. Necessito então descrever esta cena: eu, recém-doutorado, diante de um Professor Titular da Universidade em que eu havia me formado, que se alçou a membro da mais alta corte do Judiciário (na minha área de conhecimento, o auge da carreira na ciência aplicada), dando-me os conselhos que eu entendia como ordem, "*Mantenha o estilo direto, abomine os adjetivos* [até aí tudo bem], *cite obras consolidadas*

Se há método na pragmática

e não dê margem a muitas digressões". Não digo que bem aceitei o comando a princípio, porque minha vontade imediata era colocar todo o conhecimento teórico-metodológico-acadêmico que eu julgava deter a serviço da mais alta Corte da Nação, como um engenheiro que pretende servir as Forças Armadas no laboratório de desenvolvimento de armas, mas se recusa a cavar trincheiras. Contato teórico apenas.

O comando do chefe inquietou-me durante muitas noites. Não se ordena a um intelectual que seja raso, utilitarista e pragmático, pensei. Que eu era apenas um pretenso intelectual, e que tinha muito por descobrir acerca de método e linguagem, era algo que então eu não alcançava pensar. A privação de sono tampouco contribuía para uma visão panorâmica de minha condição, era incapaz de notar que quem me aconselhava era alguém que detinha um conhecimento gigantesco mas sentia a necessidade de calá-lo para fazer com que seu texto atingisse um finalidade muito mais nobre que a de dicionarizar citações. Ainda assim, intuía que havia algo de muito verdadeiro no que dizia (talvez fosse o tom de voz), algo que eu tinha que racionalmente comprovar.

III. Novamente era a angústia o móvel das soluções. Eu me sentia obrigado a encontrar naqueles textos não científicos não apenas uma razão de ser – porque esta já me estava clara – mas seu próprio método de raciocínio, que eu rejeitava que fosse a pura intuição. Forcei-me a cogitar que deveria haver um critério reitor por detrás da pragmática, que, se era insinuado em manuais práticos de redação de sentenças judiciais, não estava elucidado à luz da ciência. Quem sabe estaria ali um método de raciocínio totalmente inexplorado, que poderia ajudar a ciência a dialogar com a realidade e, no caso da minha área de atuação, o senso de justiça? Era possível que existisse algo como uma intelectualidade prática muito mais vorazmente metódica que o discurso acadêmico, cujo único defeito é o de não propagar suas próprias regras porque considera que a investigação dessas regras não apenas não é de sua competência como, ainda se fosse, careceria de qualquer sentido. Um utilitarista real feriria seu pragmatismo se escrevesse sobre seu discurso ou se fomentasse um longo estudo sobre o racionalismo de seus códigos.

Então não me escapava que algo das minhas constatações advinha de um processo mental para alívio da dor que sentia por haver deixado o abstracionismo da ciência para voltar à vida prática, algo tão comum aos cientistas latinos que são chamados de volta ao solo em busca da sobrevivência, no que Vargas Llosa denomina modo tão sonante de *emprego alimentício*. Mesmo redigindo decisões paradigmas, abandonava a investigação por ela própria, então vivia o incômodo de sentir meu percurso argumentativo predefinido diante de fórmulas e soluções a que eu deveria chegar obrigatoriamente, para alcançar posicionamentos precedentes daquela Corte, para não bagunçar o que no Direito se chama *segurança* jurídica. Segurança que tolhe a liberdade de pensamento, mas é indispensável ao Estado. Isso eu pensava às vezes, ao mesmo tempo que reiterava que, se de fato aquele era meu cotidiano, ele *sinceramente* não me parecia irracional ou de todo autômato. Embora pudesse concebê-lo como anestésico para meus choques frontais ao pensamento pragmático, estava convicto de que não era eu um burocrata, pois seguia de algum modo vivendo dos neurônios, e compensava a menor criatividade com a exigência de um pensamento mais lógico, direcionado e rápido.

Um personagem entrou em ação para me indicar o que mais tarde seria relevante a meu pensamento, mas tenho de contá-lo depois. Digo agora que me encontrei com homem ponderado e muito, muito experiente. Sereno, doente. Que me remeteu às palavras do meu pai, que era um artista. Outro personagem: meu pai. Ele era um artista (circunstância que talvez seja essencial para este

A teoria do tatuador

trabalho), e seu conhecimento de arte sempre me era invocado para suprir o que os livros não eram capazes de dizer. Somente essa lembrança já poderia abrir espaço para considerar acerca de um método de conhecimento e representação que a ciência deveria captar, porque aparece apenas na arte, e nem a estética, creio eu, a rastreia. Mas não é isso que quero relatar, quero dizer que ele pintava quadros como ninguém e um dia me veio falar de tatuagens, eu me lembrara disso porque o primeiro personagem me fez invocar esses relatos à mente, à doença, o modo sereno na fala. A consciência do fim. Meu pai abominava tatuagens, eu as adoro ainda. De algum modo o velho houvera tomado conhecimento (ou apenas intuíra, não duvido, os artistas detêm esse dom) de um comentário meu, de que sua repugnância pelas pinturas no corpo era porque ele não conhecia os tatuadores contemporâneos, O velho ainda pensa que as tatuagens são aquelas marcas borradas em forma de âncora, de coração, ou os números do campo de concentração – ele havia lutado nas guerras. Nada disso, ele aproveitou um assunto trivial sobre um desenho qualquer e contou que quando chegara ao Brasil, pelo porto de Santos, conhecera um dos maiores desenhistas que não houvera visto sequer na Europa, um tatuador holandês, Os tatuadores podem ser grandes artistas, ele disse, o único problema é que não podem errar, seu desenho é definitivo e os temas agressivos sempre cansam o tatuado. As tatuagens agressivas enjoam e as serenas não têm graça, ele falou, enquanto eu me surpreendia que daquele que tinha idade para estar duas gerações atrás de mim saísse qualquer ideia menos conservadora que as que eu detinha, Mas para o bom artista a tatuagem é uma profissão rentável, não lhe falta trabalho nem dinheiro, ele só precisa compreender seu instrumento e o suporte, disse meu pai.

Naquela juventude em que eu trocava poucas palavras em família, não imaginava que retomaria suas impressões duas décadas adiante, quando eu tentava aclarar a mim mesmo o que me sobrava de cientista, quando metido naquela linha de produção de decisões judiciais: era apenas uma distinção de instrumentos e de suporte, eu produzia textos rápidos em que não podia errar, porque o erro de um juiz traz consequências imediatas, e, quando o juiz é o mais alto da hierarquia judicial, seu erro seria literalmente permanente. Nem por isso eu era menos pensador, porque o tatuador não era menos artista. E não era eu que já saía por aí escrevendo que o texto perfeito só existe se relacionado a seu interlocutor, ao espaço e ao tempo a ele destinado?

II. Foi o pensamento que mantive até que, por esses caminhos que a vida toma, minha estada como assessor do Judiciário aproximava-se do fim. Como um moribundo que sabe o dia de sua morte, quis preparar uma contribuição acerca de minha estada por lá, colocar no papel minha experiência como redator de esboços de decisões da vida alheia, retirar conclusões. Conclusões de forma, especialmente. De algum modo eu retomava o impulso criativo ou a capacidade de questionamento, mas até então a ideia era mesmo fazer um elogio ao bom estilo pragmático – a imediaticidade do tatuador – a fim de deixar de herança a boa impressão que consegui criar acerca do texto não científico. Mas creio que exagerei na dose, porque sobrecarreguei a impressora da instituição pública com vários escritos de cada um dos juízes que compunha o Supremo Tribunal. Eram páginas e páginas de votos com a redação de cada membro da corte, um calhamaço que eu levava todas as noites para casa, a fim de sistematizá-los e classificá-los por área e, mais importante, por autor. Depois de separados, uma e ainda outra releitura na madrugada de Brasília, frase a frase. Onze juízes, e o mapeamento: a redação de cada um e a tentativa de encontrar pontos coincidentes, que permitissem a formulação de um eixo condutor geral, sem que eu tivesse de citar nomes. Fora possível traçar um denominador comum, algum referencial para iniciar teoria, seria um achado,

A tabela de recursos linguísticos

mas era preciso o movimento diacrônico antes do sincrônico, como gostam de dizer os metódicos, a tarefa era ainda separar. Para muito além das tabelinhas americanizadas de votos conservador/liberal que algumas revistas nacionais já procuram fazer dos Juízes de alto escalão, eu registrava o estilo de escrita. Ainda tenho os manuscritos desse estudo, que não se completou como eu queria mas me serve hoje para algo, compreender que houve um momento em que minha rejeição a qualquer criação subjetivada chegou a extremos ditatoriais. Na tabela diacrônica, os itens *coesão, coerência, citações, propriedade vocabular, estrutura frasal* e um último que denominei, por falta de outro termo, *macrocoerência formal*, uma espécie de nota que eu daria àqueles que conseguissem manter a mesma fórmula de escrita para a resolução dos diversos itens. Em minha concepção ali, mereceria maior nota aquele juiz que tivesse em suas sentenças a estrutura textual mais previsível, pois seria sinal de que utilizava uniforme percurso argumentativo, livre dos humores momentâneos e das idiossincrasias dos diversos assessores, cuja função originária (para isso são pagos com dinheiro público) era redigir os votos, porém de acordo com um padrão homogêneo, que eu queria que fosse rígido e estável. Um bloco coeso como um batalhão bem treinado em ordem-unida, pois isso interessa muito a todos os que dependem da decisão reiterada de um alto Tribunal.

O que li impresso me causou uma revolta. Alguns textos repetiam estruturas que faziam uso de tudo que eu abominava em termos de escrita. Além de enunciados em primeira pessoa – o que em si mesmo já me deixava em certa medida abismado – expressões como "penso", "creio", "do meu ponto de vista", "até o momento estou convencido de que" transformavam, eu acreditava, a sistemática de pensamento em impulsos pessoais, rasgos que se confessavam fruto de uma impressão momentânea, de uma transitoriedade-intuição, pioradas com recursos a citações que não eram as mais legítimas nem as mais corretas, mas as que ocorriam naquele momento, com a naturalidade de quem conversa sobre a própria vida, de quem tem a função de julgar não recorrendo a tudo que se desenvolve, para ele, na ciência, mas de acordo com suas experiências personalíssimas.

Ódio à subversão ao método

Sentia o desmoronamento da minha teoria do *tatuador*. Não se tratava de transpor a mesma técnica demonstrativa da ciência para um suporte vivo e momentâneo, mas de subverter o método com sentimentos abruptos que nada mais eram que vivências desvirtuadas pela sensação de que a vida do julgador é mais repleta de lições e de normas morais apreendidas que a do cidadão comum. Fora o risco do preconceito. Foi a primeira vez que pensei, "Não estou diante de uma sentença, estou diante de um *ensaio*", e o nome *ensaio* estava carregado de toda prevenção que se poderia trazer, pejorativo ao máximo. Porque a enunciação em primeira pessoa era apenas um prenúncio do que vinha de pior, a total falta de critério – cria eu naquele momento – no estabelecimento do percurso. Textos com ilustrações confusas, um salão em que bailavam juntos Marx, Kant e Kelsen, Ortega e Hannah Arendt, em citações transversas que a muitos, muitos mesmo, pareciam erudição. Uma valsa de horrores, foi como eu presumidamente prediquei.

Aquilo era minha ideia de ensaio então: algo tão confuso e misturado que somente poderia ser um rascunho, sem a primeira revisão, impublicável portanto. Inservível sequer à Tribuna, que dizer à incomparável, imutável e altivíssima Ciência. Ou seja, eu amava e odiava, pendular e constantemente, a lógica prática e a lógica acadêmica, e não creio que essa alteração de hiperexcitação ou depressão diante do mesmo objeto se tenha desaparecido.

I. Essa bipolaridade persiste nesta investigação, e é bom que assim seja: a impressão de que o método científico se tenha desvirtuado para um acúmulo de informação sem a devida reflexão que poderia captar e compreender a matéria atrita com a impressão prática de que os ensaios e demais textos impressionistas também invoquem a liberdade de pensamento para fugir a uma ordem de raciocínio que a custo alcançamos. Alcançamos sob o nome de método.

Hoje, com a vida dedicada à pesquisa na Universidade – ainda que com muito o que refletir – interessa-me menos a lógica da atividade pragmática, mas repasso sempre a insatisfação de bons cientistas com a reprodução pseudocartesiana em suas investigações. Sobre o ensaio só posso dizer que guardo com ele grande simpatia de momento, mas vejo um risco de regresso. Isso, claro, desconsiderando o verdadeiro estelionato literário que é a escrita sequer intelectualizada daqueles que desconhecem a ciência e opinam pelo senso comum, que Adorno teve de denominar *mau ensaio*, mas que aqui creio que posso até eliminar como objeto. Se me perguntassem hoje, diria sem melhor parâmetro que apenas cinco por cento dos cientistas que se lançam a uma escrita livre fazem algo com a virtude da ensaística, esta que deveria ser uma superação das prisões do método e não um exercício de iniciantes na literatura.

§ 0

A proposta aqui, portanto, tem como foco a análise do papel da escrita científica, sendo a *ensaística* um objeto-meio de análise.

A estrutura deste ensaio   Notei que terei de algum modo de chegar a um conceito interno do ensaio, mas antes são necessárias algumas advertências. Primeiro, que abordo aqui as ciências humanas. Excluo as ciências naturais, senão como parâmetro de comparação para a primeira. E, dentro da pesquisa científica humana, faço mais ênfase ao método de pesquisa bibliográfica, que – com ou sem razão – ocupa a imensa maioria da produção da academia na ciência humana. Evito utilizar a palavra "dogmática" porque sei que ela soa muito mal externamente ao Direito, então prefiro dizer apenas que a *pesquisa de campo* não está abarcada pelo que aqui escreverei.

Então são para mim premissa os manuais mais conhecidos de metodologia científica humana, em termos mundiais de comparação. Acho que conheço muitos. Mas, simplesmente porque são premissa, não vou aqui revisitá--los. Alguns são de excelente qualidade, de fato preocupados com método, sobre o alicerce da construção correta da ciência. Outros, claro, não têm qualidade mínima e não passam de um conjunto de normativas de padronização de escrita, o que não é método. Simplesmente me proponho a tentar elucidar se a rigidez pode sempre servir à ciência humana. E, na ausência de outro adjetivo, falarei de tese ortodoxa, de tese com respeito à metodologia desses manuais, com a denominação *tese rígida*. Falta-me outro termo, falta-me outro termo, e faço questão de assumir tal condição.

Um texto para iniciados

Depois me cabe advertir que este texto faz uso da técnica de ensaística, então também é experimental no sentido de que muitas vezes será metalinguístico para tentar aplicar em si próprio o que é teoricamente cogitado. E, por isso até, é um texto para iniciados em ciência: tomar este ensaio como um conjunto de lições para escrever uma boa tese é um erro radical, que nenhum leitor deve cometer.

Assim prevejo o trabalho daqui em diante: primeiro, acredito que se possa pensar que escrever uma tese não atende apenas à compreensão do mundo mas a um *impulso criativo*. Se assim for, ao menos parcialmente, a redação científica por si tem de aceitar formas mais livres. Em um segundo momento, passarei a explicar algo que há muito tenho desenvolvido e, embora não seja uma grande teoria, para mim é uma convicção que sinto a necessidade de expor, e somente posso fazê-lo porque já terei tratado da escrita como forma de criação: a argumentação da tese, mesmo da tese rígida, atende a uma *estruturação narrativa*. Talvez (talvez mesmo) seja apenas o ensaio que a assume. Tal será a primeira parte do texto.

Seguirei para considerar se o vínculo universitário que a pesquisa humana carrega consigo é efetivamente o objetivo científico cartesiano, que na verdade, adianto, não me parece puro. Atividade de criação e atividade de ensino e demonstração de erudição podem transformar a escrita em algo que não é ciência. Ponto e contraponto da mesma realidade, talvez elas exijam mudanças. Essa será a segunda parte do texto.

Apenas depois dessa observação da realidade é que posso passar a dissertar se o método cartesiano funciona para descrever *aquilo que se considere ciência*. E em que medida uma escrita mais livre tem alguma serventia, apartado da *tese* tal qual hoje se a concebe (forma rígida). Confesso que acerca disso ainda tenho sinceras dúvidas. Talvez nem sequer redija o que pensei a esse respeito, se não surgir como consequência natural e coerente do que antes fiz. Talvez deixe esse pensamento diluído em cada palavra, como pode fazer o ensaio. Só o ensaio.

PRIMEIRA PARTE
(o ensaio e a ciência)

§ 1º

I. Pierre Bergé conta que Yves Saint Laurent somente em um único dia escapava da depressão: o do desfile anual de suas criações. Nos demais, relata, era um completo infeliz. Não será o estilista nem o primeiro nem o último homem que faz criações por uma necessidade, um impulso expressivo que, quando chega ao ápice de sua realização – no caso dele, o tempo efêmero da passarela – já prenuncia ao autor o regresso ao profundo abismo. Abismo do qual muito provavelmente tentará fugir com novo repente de produção artística, quando quer que ele venha.

O curto prazer da tese pronta

Minha sensação ao publicar um livro ou ver minha tese redigida e encadernada, pronta para submissão à banca examinadora, não é substancialmente diversa à do estilista. E revelo duvidar daqueles que, vivendo essa situação, afirmem ter experiência distinta: um momento de excitação pela obra finda, que nada tarda em converter-se em decepção, em rebote mais doloroso que a ansiedade que antecedia o trabalho acabado. É o fruto do amor-ódio que surge não apenas pela alternância de sensações de ultrainteligência e, em outros momentos não muito distantes, incapacidade mental – que acredito só parcialmente advinda da imaginação do cientista – mas também da inconstância da percepção que se forma no autor acerca de sua própria criação. O texto produzido ora lhe parece uma obra genial, ora um plágio infantil de pensamentos alheios mais avançados, formulações que seu intelecto não consegue sequer atingir, quanto menos superar.

A relação amor-ódio está difusa durante todo o processo de criação, sendo essa depressão puerperal apenas um pico de força – a crista dos gráficos de ondulatória, que revelam um processo contínuo –, mas que acredito ser um indicador positivo: apenas os autores medíocres admiram suas obras depois de acabadas, relendo-as (ou escutando-as, ou observando-as) quando já não se pode alterá-la, como a fera que lambe a cria. Os bons criadores, sabe-se, rejeitarão retornar a esse contato, a não ser para uma hipótese crítica, ou seja, de recriação. Nessa ocasião podem até deparar com um texto de qualidade surpreendente, mas será um momento excepcional: em regra, rever a obra é um tormento a seu autor. Então a agonia do personagem de Monteiro Lobato, Aldrovando Cantagalo, que morre ao descobrir um erro de colocação pronominal em seu livro editado não advém, acho, do erro em si, mas do estágio de decepção pelo excesso de expectativa. Tratava-se de seu primeiro livro, coitado.

Compreensão da realidade ou instinto criativo?

Então já se sabe onde vou chegar: o pesquisador, quando produz sua tese, está parcialmente envolto em um instinto *criativo*, diverso, portanto, de um instinto de *compreensão* da realidade. Se a curiosidade deveria em tese mover a ciência, entendo-a como – para utilizar uma palavra da moda – um *input*, enquanto a criatividade é um *output*, uma necessidade de exteriorizar; construir uma realidade, em lugar de interpretá-la. Ou *possibilitar* interpretações em vez de construir a sua própria, sobre um objeto definido. Sendo esse fato correto ainda que parcialmente, as consequências para a escrita científica não são poucas: uma obra de criação é transitória, porque capta apenas um momento real sem pretensão de verdade perene, mas do congelamento de um conjunto de ideias que nasce *para* ser superado (*vide* § 9º).

Mas antes de ser perene ou não, a criatividade é *expressão* (e aqui então melhor que o inglês *input* e *output* funciona o latino *impressão/expressão* ou o alemão *Eindruck/Ausdruck*, que assumem um significado mais preciso, creio, de interiorização e exteriorização por meio dos sentidos). Desconheço neurociências, mas posso afirmar que deva existir na mente uma espécie de mecanismo de estímulo a exteriorizar raciocínios com o correspondente prazer, tal qual, coloquialmente dito, uma válvula de escape. Se assim é – volto aqui à hipótese – grande parte da escrita científica pode surgir da necessidade de expressar uma compreensão própria, que, portanto, não é uma verdade absoluta mas uma *tentativa* de verdade absolutamente subjetiva. Perene, apenas se a perenidade for compreendida no sentido de fazer eterno um momento que é em si mesmo passageiro, como a fotografia borrada de um carro de fórmula 1 que passa em velocidade. Faz eterno – realmente o faz – aquilo que inequivocamente se está transformando. No jargão dos fotógrafos, é apenas "um olhar".

II. Não deixo de observar que a tese é uma forma de conduzir ao conhecimento, um modo de obrigar a que o autor rastreie leituras que deem coerência a seu raciocínio individualizado, daí ser mais original seu processo de aprendizagem quanto mais agudo for o tema de seu trabalho. Perfeito em termos de Universidade e de crescimento pessoal, insuficiente todavia como de processo de criação. Há entretanto um sentido paralelo e próximo, porém não idêntico, pouco ou nada analisado pelos livros de metodologia: quando um autor escreve, além de buscar pistas para seu próprio pensamento – o que vem do texto para o autor – tem de *livrar-se* das informações, raciocínios e conclusões que nele pairam, sob pena de deixar no cérebro um acúmulo de informações, de imagens e de pensamentos com os quais ele não mais pode conviver com

Tese e aprendizado do autor

sanidade. Assim – interpreto eu – a alegria parcial em ver pronto um capítulo da tese não advém apenas do deleite natural do homem em deparar com o objeto de seu trabalho realizado (o que às vezes sequer existe, como disse), como alguém que se apraz ao notar que seu esforço em pintar as paredes da sala resultou em um ambiente mais agradável. Não. É o júbilo de poder desprezar o conteúdo que ali está, de afastar sua constante recidiva no processo de interpretação, porque já se fazia cansativo, porque tomava lugar (na memória?) das novas concepções que aguardam por surgir, sentido em que se assemelha o processo mental a uma linha de produção. É assim que interpreto a frase de Almodóvar, no roteiro de *Abrazos partidos*, quando um cineasta diante de películas de uma obra não editada se revolta e afirma que os filmes são feitos para serem exibidos. Não se trata do direito do público de ter acesso àquela obra, mas de o próprio autor superar uma fase, sem a qual o raciocínio não pode evoluir. A criação não é algo muito diverso de um descarte, um modo de arquivar elementos que se podem a qualquer momento resgatar, mas que simultaneamente representa um cérebro livre da ameaça de retrocesso. Ou do travamento de suas engrenagens.

O professor ou autor mais experiente compreende que essa necessidade de criação é parte do aprendizado: a cada pequena dissertação produzida, o aluno livra espaço para novas ideias, ao mesmo tempo em que submete a prova as anteriores. Então é natural, para o cientista que de fato se dedica ao estudo, que esse processo se reitere porém em crescente complexidade, até atingir-se o momento em que cada escrito passa a interessar à comunidade científica como um todo, porque eles constituem reflexão mais avançada, com maior carga de conhecimento. Mais avançada, porém iguais na origem: um processo criativo do autor, que ainda busca superar seu próprio raciocínio e, para tanto, precisa transformar em texto uma prova de seu estágio atual de evolução. Se o dissemina amplamente ou não, se tem ou não o retorno do público, isso depende de sorte e, muitas vezes, de popularidade. A proporção inversa entre popularidade e qualidade de raciocínio não precisa ser aqui enunciada, todos os cientistas a conhecem. O importante é que o texto receba uma versão final, porém essa versão final, porque a exposição a público dá vida própria à criação, desgarra-a definitivamente do autor; mas essa autonomia não resulta necessariamente em verdade científica.

O cientista que compõe seu texto criterioso e o publica será mais realista se assumir que entrega aos leitores uma atividade de criação, e os efeitos dessa afirmação no modo como enunciará sua tese são manifestos. Tese provisória, portanto, e relevante a si mesmo porque lhe serve de plataforma de sustentação a novas concepções. Se assim não reconhecer, terá apenas dois caminhos a trilhar, nenhum deles proveitoso em minha opinião. A primeira opção será acreditar que a tese que redige é uma expressão de verdade científica pura, como quem resolve uma equação em que repousam todas as variáveis existentes em seu universo. Em geral quem opta por tal caminho, fechado à inovação, à passagem do tempo e à assunção da condição idiossincrática de seu texto, apresenta conclusões fechadas, que são reducionistas e autoritárias. Podem servir à dogmática dos manuais de graduação ou – no caso do Direito – à teoria predominante nas decisões judiciais ou a justificante das alterações legislativas, mas não mais que isso. Não é sem razão que García Montero, em um poema, escreveu que a dogmática é a preguiça do pensamento[2]. O outro caminho é típico até dos artistas, mas reservado aos perfeccionistas e fora da moda da cultura *pop*. Nessa hipótese, o artista busca tanto a perfeição que não solta seu texto a público; sabe que, quando se livrar dele, notará suas falhas, justo quando não for mais possível corrigi-

"Dogmática é a preguiça do pensamento"

---

2. Entenda-se a dogmática em seu sentido comum, como pensamento regrado. Na teoria jurídica, o vocábulo assume outro significado.

-las. Um caminho louvável sob o ponto de vista do perfeccionismo da arte-ciência, porém egoísta e eugênico – talvez fruto de uma vaidade daquele que não admite (ou teme?) gerar filhos imperfeitos, como se perfeito fora. A ciência não progride com eles, porque com a morte do autor falece também a obra.

Realidade ou metaliteratura?   **III.** Aceitar a hipótese de que a mente criativa não equivalha de todo à mente curiosa traz consequências à escrita. Em outras palavras, quando o cientista deixa de ter como foco o mundo real para interpretar livros e recriá-los em uma nova tese, abandona – mesmo que não integralmente – a característica principal da ciência (a observação da realidade) para alcançar a principal característica do narrador: descrever o processo evolutivo de seu próprio pensamento, a partir da interpretação de outros textos. A observação da realidade naquilo que deveria ser uma ciência social aplicada dá lugar, na maioria das vezes, a um trabalho metaliterário, à costura de um percurso argumentativo a partir da recolha e processamento de outros escritos. Creio sim que esse labor seja literário, sem necessitar dizer que se trata de muito mais narrativa que argumentação. Ou seja, quem faz uma recriação pensa menos em uma tese rígida – aqui compreendida como núcleo duro da compreensão científica – e mais em um ensaio – tido como proposta criativa, emanada de impressões pessoais da realidade e interpretações de referências que se descrevem em uma relação intertextual.

Seria ideal, ao menos sob o ponto de vista de nossa realidade acadêmica, que compreensão e expressividade constituíssem lados da mesma moeda. Isso não apenas retiraria a possibilidade de as teses acadêmicas de hoje serem uma quase pura expressão literária-dicionarista, pois seriam forçosamente antecedidas de uma crítica compreensão de mundo, como também afastaria a suspeita de que a Academia alberga mais mentes criativas que científicas, ou seja, a suspeita de que se acolham cérebros interessados mais na construção de um mundo próprio, que nasce dentro de seu texto, e menos na compreensão das formulações aplicáveis ao mundo real.

Mas me inclino de momento fortemente a dizer que, como os conjuntos em intersecção da matemática, criatividade e vocação científica apenas têm algo em comum. Completam-se e ampliam-se, como a soma da área dos conjuntos, mas não são o mesmo.

A partir de um ou outro caso concreto (e assim é o ensaio) tento comprovar essa minha hipótese. Se Freud criou toda uma teoria com base em suas observações clínicas – com repetição e com método, o que talvez aqui não ocorra suficientemente – e a partir dele muito foi produzido com base em leituras sem a mesma profundidade de observação, também posso (reservada minha condição de cientista mediano) eleger um *leading case* e dele retirar um raciocínio coerente. Se assim não for, há ao menos como dizer-se que, por meio de uma narrativa concreta, consigo tracejar meu percurso.

Um escritório de advocacia criminal já é em si um laboratório de dramas humanos, mais ainda se funciona em uma das maiores metrópoles do mundo; em uma das metrópoles mais violentas do mundo, diga-se em oposição aos constantes relatos maquiados das autoridades. Já quase não exerço a advocacia, bem ao contrário do início da carreira, e sinceramente sinto falta da experiência que o diálogo com os protagonistas da dramaturgia humana proporciona. A eles, no limite, dever-se-ia direcionar minha produção científica, mas se sabe que, para falar algo coloquial, não é bem assim que as coisas funcionam, porque a teoria acaba-se distanciando demais das vicissitudes do cotidiano. Outro problema, para outra ocasião. Fato é que o diálogo com alguns daqueles meus clientes se reaviva reiteradamente quando produzo ciência, e realmente sinto por não os poder radicar – nem como mera ilustração, nem como mera casuística – pois desmentem muitos livros. Aqui posso usar livremente, porque é um ensaio. Conforto-me quando leio Adorno dizer que é impossível expressar conceitos sem referência aos fatos.

O poder mudou de mãos

Ele veio ao escritório visivelmente transtornado. Sentou na poltrona à minha frente, remexia a cabeça de um lado a outro e abria e fechava os punhos constantemente, apesar do quadril reto, o que me induzia a supor que suas pernas estavam imóveis, os pés firmes no chão como bom militar. Sem farda. Não importa dizer que ele era suspeito de fazer parte de um grupo de extermínio, ou qual o destino que teve seu processo, ou se eu segui como seu advogado após as contingências da profissão. O que interessa é saber que eu conhecia toda a situação, mas me surpreendi com seu relato. Concluí depois que ele me descrevera algo peculiar sobre uma mente lúcida e, por isso, anos depois publiquei quase literalmente o que recordava de seu monólogo, para leitores que já sabiam que meus relatos raramente são ficção. A resposta ao rotineiro pedido do primeiro encontro, "conte-me o que ocorreu", veio mais ou menos assim:

"O poder mudou de mãos, ponto. Creio que seria só o que o senhor precisaria ouvir, doutor, quando me pergunta assim com esse olhar sério 'Conte-me o que aconteceu, a sua versão'. Nesse caso, o que eu posso dizer mais? Que o que o promotor escreve é verdade. Mas eu não sei se uma parte da verdade pode ser a verdade. Verdade parcial é verdade? Estou lhe questionando, doutor. Desculpe. Antes vou dizer outra coisa: por um problema desses de profissão, dias depois que eu me enfrentei com um preso, coisa normal, atiraram em mim que estava na minha moto, eu caí e quebrei a perna, de triturar o osso, castigo pra quem gosta de se mover, e dias no hospital militar, sedado. Não era isso que eu queria lhe contar, doutor, o que eu preciso contar é que, depois, numa noite dessas em casa, discuti com minha esposa e ela me empurrou no espelho, ela gritava e eu gritava em cima (eu que nunca gritei na vida, porque quem tem poder fala sempre sereno), e ela me abraçou depois chorando e disse 'Tobias, naquele seu acidente que você quebrou a perna, você não só quebrou a perna, você bateu a cabeça, foi o pior: que você bateu forte, a cabeça!'. Faz todo sentido: bati a cabeça e houve consequências, porque fiquei perturbado. Penso mais, mas pior. Eu sei que é difícil de entender, mas a imagem que me veio naquela noite, deitado na cama ao lado da mulher e olhando o abajur aceso foi que nossa mente tem uma torneira fechada, mas que deixa pingar umas ideias, assim como aquele soro de hospital, cada gota uma ideia, lentamente. Quando eu me acidentei (o capacete rachou, eu vi depois), estourou o cano e hoje essa torneira jorra tudo aqui dentro, compreendo muito mas nem sempre expresso bem, boas palavras que não organizo. Não dá tempo, minhas ideias encharcam o chão, transbordam. O senhor acredita que antes eu falava por monossílabos?

"Me prejudica esse descontrole, porque me fez ver algumas coisas. Que naquele tempo eu não era eu, eu era o Estado. E hoje sei te dizer que desde Esparta vem a técnica de deixar o cérebro vazio, para agir por reflexo, eu fazia o que tinha de fazer (o que se determina). Ponto. Esse era o condicionamento, endurecer a mente para que essa torneira de ideias ficasse bem vedada, porque no momento de agir não se pode questionar. Quando se questiona não se age, e quando não se age não há segurança. Então, pensa: eu era o Estado, e o Estado tem direito a ter seu plano de segurança, mesmo na democracia. Ouça:

"Para desmantelar uma quadrilha estruturada, o melhor quase sempre é tombar o líder. Quando se tem certeza de que sem alguém específico o grupo perde muito a força, esse alguém tem que ser eliminado. Arriscado, porque, se o bando sobrevive mesmo decepado, o tiro sai pela culatra: o que era pra ser garantia de tempos de paz se transforma em declaração de guerra. Isso não é justiça, é segurança pública, doutor. Positivo, mas se essa certeza existe, surge a ordem de romper a corrente: o homem não é mais homem, é alvo. Eliminar o alvo, ponto. Ordem não se discute, ordem se cumpre. Alguém tem que dar a informação correta, onde o alvo estará, e quando. Quê? Geralmente a informação sai de um vagabundo corrupto, porque para encontrar marginal é preciso outro marginal. Informação segura, eu sou apenas o cano da arma.

"A partir de então era eu sozinho, mas só a partir de então. Na noite anterior visitei o local, vi que atrás do muro de contenção dava para deixar a moto. A moto tinha que ficar perto, porque eu já não corro bem, sabe, o atentado. Mesmo assim eu tinha que sair pela lateral do boteco, correr pelos fundos, pular o muro, montar na moto e descer uma parte pela ruela, outra pelo mato (algo assim como um gramado feio), só depois desembocar na avenida. Preparei o terreno, até com uma escada improvisada para pular o muro, eu já disse que já não corro bem? E na noite seguinte foi isso que o senhor já leu nos teus papéis, o alvo entrou e ficou no bar, era comemoração do aniversário do cunhado dele, bandido também. Tinha churrasco, mas na verdade ninguém comia, efeito do pó, o que me fazia ter de agir mais rápido, todo mundo estava muito ligeiro, catalisado. O alvo foi pro banheiro e eu contei até seis e caminhei atrás, disparei com segurança, 45 que não deixa dúvida. Saí pela lateral, escalei o muro de contenção, peguei a moto, a ruela, o gramado feio, a avenida e missão perfeita.

"E logo é isso, passou pouco tempo e o poder mudou de mãos. Eu agora caí nas garras dos inimigos, que ascenderam porque o funcionalismo público é sempre essa roda-gigante. Os inimigos que comungam das mesmas ideologias, dos mesmos programas, mas não das mesmas pessoas, empatias diversas. Então, o que seria puro silêncio, pura ausência e puro mistério se transformou em convicção absoluta e muito papel, e testemunhas que viram tudo, com mulheres carpideiras que nem sabem onde é o tal boteco, mas hoje são gente que me reconhece com segurança, que dizem que eu manco, que identificaram minha foto, gente capaz de apontar o dedo para mim ainda que me coloquem ao lado do meu clone. E queixa na corregedoria e isso e aquilo. O problema é que o que eu estou falando não pode sair daqui, a não ser que o doutor me encontre uma solução. Que o doutor me diga que a lei compreende esses casos extremos, que o juiz entende que eu sou um aparelho de segurança e não um assassino qualquer. Que eu não tenho interesse pessoal em matar ninguém, que sou um braço, de uma arma, de um instrumento, de um Estado que todos nós compomos. Acredite, por mim esse sujeito teria mais duzentos anos de vida, mas não sou eu que escolho, é todo um contexto, umas circunstâncias que agora estão esfumadas, que acho que não cabem no processo. Ou cabem? Pra que te contrataria senão pra mostrar isso? Desculpe, outra vez. Mesmo que pensemos de um modo individual, eu diria que o ser humano é capaz das maiores atrocidades e, ao mesmo tempo, dos atos de maior nobreza. Isso para mim não é novo, novidade é descobrir que a lei não tem trato nem com um nem com outro caso. Eu não sou esse demônio. E, não sei, se eu não tivesse batido a cabeça, naquele acidente da moto, talvez eu estivesse conformado com o fogo-amigo, com o julgamento injusto em nome do sistema, mas agora não estou. Não existe nada pior que ser inconformado, se eu não tivesse batido a cabeça."

Quando publiquei esse texto, poucos compreenderam que seu núcleo não residia na crítica ao Direito, mas na transformação das ideias do personagem – o falso Tobias verdadeiramente matara um homem com um tiro na nuca – e que, no momento em que redijo estas linhas, deve seguir convicto de que apenas realizava seu trabalho, como um Eichmann em escala, acho, muito reduzida. Talvez o acidente de moto, se é que houve, tenha sido um detalhe sem nenhuma consequência para sua compreensão do mundo, ao menos fisiologicamente falando.

Indignação e necessidade expressiva

Minha tese é que a injustiça que ele sofria desatara sua necessidade de comunicação, de exteriorização. Não se trata de sua compreensão de mundo, porque estava claro que meu Tobias traçara peculiar panorama de seu papel social havia muito tempo, e não o alterara. Foi a iminência de ser imolado em nome de todo o contexto que ele compunha que fez sua indignação extravasar em uma necessidade locutória, daí a metáfora da torneira estourada – que ele mesmo criara, à falta de linguagem que traduzisse o que sentia, como toda metáfora – ser exata, ou ao menos recheada de valor semântico. Da injustiça retirara não apenas a propriedade vocabular, que certamente vivia em estado latente, mas a ordem das ideias, e a capacidade expressiva antes inatingíveis. Dividir e compartilhar sua visão do que era o Estado não foi efeito de sua curiosidade, mas da necessidade de transcender, como faz o artista e, nesse caso específico, menos próximo da plástica trabalhada de Saint-Laurent que da construção pobre mas contundente das esculturas do *bestiário* de Jorge de La Vega ou do elaborado e também contundente (e também) *Bestiário*, de Cortázar.

A capacidade-necessidade criativa nasce da confluência do rasgo de compreensão da realidade (que podemos denominar curiosidade científica) com o ímpeto de externalização do pensamento, em meios e suportes que sirvam para aliviar a mente daquilo que a incomoda. Como veremos, essa expressão faz ainda um caminho inverso, quando o texto do autor reverte-se em orientação do próprio pensamento, o que demonstra ainda mais a proximidade real do método literário com a escrita científica humana. Estou convencido disso.

IV. Quando me sento a redigir um texto – tese ou ensaio com intenção de publicação – cumpro uma breve liturgia: faço pequena oração e, se estou sozinho, ponho um cigarro na boca, apagado sempre porque sou ex-fumante. Não vou descrever integralmente o que rezo, mas digo que é sempre o mesmo. Um pedido para que aquelas linhas reflitam minha última evolução: que não sejam perfeitas, mas sejam perfeitas em refletir meu estágio atual de pensamento. Isso sim. Algo como desejar que, se eu morrer naquele dia, minhas últimas linhas sejam satisfatórias. É para mim um ritual importante.

Não sei ao certo se guarda algum efeito sobrenatural, mas é um marco, como a moldura de quadro ou o rugido do Leão da MGM, de que inicio uma fase autônoma da pesquisa científica. O momento de enunciação e de diálogo-saudação ao próprio texto, que marca um especial momento de criação. Então está claro que essa ideia de expressão é literária, *porque* vive sob o fantasma da falta de inspiração.

Mas falar em inspiração revelará mais uma vez a insuficiência das palavras para este tipo de descrição, principalmente quando analisado pelo sectário prisma científico. Melhor que buscar para o vocábulo uma definição útil apenas para estas linhas será anulá-lo e falar acerca de criatividade ou de impulso expressivo, que remonta o início deste capítulo: não fosse a escrita científica, ainda que parcialmente, um processo de libertação de fantasmas, o cientista humano não temeria a fuga das ideias quando diante do suporte que deve conter sua criação. As frases, os parágrafos; e o risco de que tudo fique em branco. *Não falo em inspiração*

Tratar de criatividade, aqui no contexto científico, demanda, portanto, cautelas, e não será minha primeira tentativa. Em certo momento de minha vida, verdade que cuidando de *argumentação*, tentei teorizar sobre o assunto e li vários livros acerca do tema: criatividade, como ser criativo. Pouco ou nada me elucidaram sobre o estado de criação. Até acresci naquele tempo algo a respeito no meu livro sobre argumentação, mas em processo de repetição--modismo, exatamente o que abomino nas teses. Nada havia de substancial.

Desde outros tempos quisera cuidar dos dias em que, embora tudo aparente normal na rotina do cientista, o cérebro aparece turbado, suas vozes não soam, ou que soam em tanta incoerência que delas não se pode captar uma frase que seja. Apesar da oração, do cigarro, dos estimulantes. Esse processo – coincidente nos escritores literários e nos cientistas humanos – para mim é inerente à atividade criativa: o estágio de dificuldade em dar marcha ao produto, em dar-lhe sequência mesmo quando a ideia central está formatada. Tem sim relação com um processo motivacional, com o esgotamento de uma fonte-conflito. Disso é que eu gostaria de cuidar quando aproximo a criação científica do método literário: caso se tratasse de um processo lógico puro, as inspirações seriam dispensáveis.

Considero, entretanto, o risco de enunciar como problema geral da criação científica uma dificuldade só minha; um texto confessional pode ser uma narrativa inócua se não transcende a problemas minimamente disseminados. Por sorte, já estou habituado a buscar nos livros os companheiros com quem se deve travar um diálogo para afastar o pressentimento de ser o único no mundo a vivenciar um problema. Introvertido como era eu na adolescência, aprendi que na estante da biblioteca estão os amigos que suportaram as mesmas provações antes de mim mesmo, e a sensação de conforto ao encontrar essas linhas é a mesma de ouvir de um amigo algo como, Eu já passei por isso, sei como é, e então se deseja que o livro seja grande e detalhado, para aproximar as afinidades e encontrar soluções, Fique tranquilo que não estás sozinho, eu já passei por isso, eu já passei por isso. Eu já passei por isso e sei como é. Não seriam assim distintas das referências bibliográficas das teses, que deveriam constituir apenas um apoio para retirar a angústia e insegurança do autor em fincar-se na originalidade de seu pensamento, quando fomos formados no convencimento que desde a Grécia clássica os pensadores analisam angústias que nós só sabemos repisar.

Um amigo-livro remete a outro, porque eles se conhecem bem, porque nas estantes eles conversam enquanto dormimos, isso é intertextualidade. Um ensaio de Javier Cercas – para mim um dos grandes autores da atualidade que se pode invocar para comprovar que a ciência humana e a arte narrativa têm muito o que intercambiar – indicou-me um livro que, ele disse, "es un repertorio de gente que nunca ha escrito un libro, o que un día decidió dejar de escribir". Cercas falava do *Bartleby y compañía* de Enrique Vila-Matas, autor cuja obra então eu conhecia quase nada. Mas para isso existe a indicação de um bom autor, ou por isso os bons livros devem ser comedidos nas referências: assim suas indicações são sempre confiáveis. Javier Cercas não elogiaria um livro qualquer, não desperdiçaria linhas com ele, acho eu. Isso se chama *referência*, no sentido puro da palavra. A constatação posterior de que o próprio Javier Cercas era citado no livro que elogiara não me fez, ao menos peremptoriamente, duvidar da neutralidade da indicação da leitura. Não muito.

Bartlebys *e os escritores do 'Não'*

Ler *Bartleby y compañía* não foi de fato uma grande surpresa em termos de estilo e proposta, mas concedeu-me horas de diálogo acerca da questão que tento descrever: o ressecar da fonte do cientista, ao produzir texto. Porque, se bem compreendi a tese que aquele ensaio-ficção espanhol traz subjacente, há um grupo de autores acometido por uma síndrome que os faz abandonar a vontade de escrever. Por isso foram ali chamados *artistas do Não*. O esgotamento da inspiração não é o núcleo do problema, mas o é o fim da *vontade* de redigir, o que é diverso. Talvez a decepção, a certeza de que não existe finalidade em publicar, presente naqueles que foram prolíficos e repentinamente estancaram sua escrita, dos escritores de um livro só e, essa uma original observação, dos escritores que, apesar de escritores, nunca escreveram (o livro de Vila-Matas tem, isso sim, uma vasta pesquisa, de apresentação de casos narrados de modo envolvente). Como impressão pessoal, creio que o meio científico humano também tem seus *bartlebys*. Posso enumerar talentos desperdiçados, indivíduos de mente privilegiada que um dia resolvem – como se fosse mesmo assim fácil – não compor mais um artigo sequer, não publicar uma linha, não seguir adiante na pesquisa. Se tivesse eu a aptidão de Vila-Matas para narrar os episódios que eles (os talentos desperdiçados que conheço) apontam como causas de sua *decisão* pela improdutividade, acho que haveria uma exposição reveladora, especialmente das falhas da estrutura universitária, que se convertem em frustrações que desmotivam à escrita, que desviam a criatividade para outras instâncias, outros suportes. Talvez cuidar de um jardim ou criar dálmatas; e também do conformismo, da percepção de que a escrita humana não chega a resultados planejados. Bom, por enquanto é só um palpite; fato é que, quaisquer que sejam os motivos elucidados, todos convergiriam para a comprovação de uma realidade: a exposição científica humana depende de uma constante motivação criativa.

Tenho uma semiexperiência nesse sentido. Semi porque parte dela vivenciei, parte dela é apenas prognóstico, que retiro por observação. Tracei um breve roteiro da vida do cientista, de seu grau de produção, apenas por observar que, se fosse a enunciação da ciência humana uma simples questão de apurar método, a escala produtiva não seria uma curva. Não estou de todo certo, mas posso construir um trajeto da vida do cientista dividido em quatro ou cinco fases.

Roteiro compulsório da vida do cientista

Vem a primeira fase, em que publicar o livro é motivo de alegria. E, no afã de fazer com que suas palavras atinjam a todos os leitores, escreve-se qualquer coisa, porque qualquer coisa ao autor parece excepcional, desde que se publique: as construções lhe aparentam esplêndidas e o estilo – em geral imitação descarada de algum outro autor que depois soará superado – parece-lhe pronto. Há, porém, mais: como o escritor, ou o cientista, está convencido da extremada qualidade de seu texto (como aquele sedentário barrigudo que, depois de quinze dias de academia de musculação, admira seus bíceps no espelho), reclama da injustiça de que ninguém conhece sua obra, de que não a comentam. Isso, claro, se fora mesmo publicada.

A segunda fase é a pior delas. Ainda acreditando que seu anonimato dá-se por pura falta de sorte, o autor começa a escrever mais e mais. Quem publica um livro, publica dois. Duas novelas, duas obras didáticas, duas "teses" ou algo assim. Porém não se dá conta de que esse segundo livro não é outra coisa senão o primeiro, requentado, remodelado. E não interessa a ninguém. Isso é consequência evidente do seu erro anterior: se *todas* as suas ideias foram plasmadas no primeiro livro, necessitará viver outra vida para conseguir escrever a segunda obra original. Alguma coisa está muito errada, mas a vaidade é o pior dos pecados. A miopia.

Numa terceira fase, o autor-cientista dá-se por fim conta de que seu trabalho está incompleto, confuso e repetitivo. Nada original, portanto. E essa consciência-frustração lhe vem porque seus poucos leitores mais diletos lhe dão algumas dicas, muito duras de receber, de que aquilo que ele escreve tem pouca substância. Raivoso com a observação, reserva um tempo para construir algo mais aprofundado, e, se persiste, compõe nova obra, grande. Conquista a muitos, por *juntar* informações, que agora são várias mas já não são contraditórias. Ou, na ficção, constrói um romance longo, cheio de detalhes e mais floreios: de qualquer modo, demonstra mais fôlego do que profundidade e ainda corre o sério risco de perder coerência. Sem dúvida, porém, fez algo mais adultinho e realmente a muitos engana, pelo bom uso das notas de rodapé.

Daí novo erro: feliz com sua última construção, cai na vaidade de rejeitar suas primeiras obras, que chama de "obras de iniciação", obras não maduras. Ou seja, age

As obras de iniciação

como um gênio que já desvendara toda a trama de seu ofício, quando na verdade apenas lhe dá início. De qualquer modo, se o autor for bom observador, utilizará essa consciência de que já evoluíra em sua pesquisa ou escrita para concluir que seu processo de maturação pessoal ainda está em curso. E isso, se ocorre, conduz a uma nova fase – talvez a melhor delas – em que o autor percebe-se imperfeito e sente a necessidade de evoluir sempre. Se evoluir é escrever ou pensar, continua produtivo e passa a ser autocrítico.

Há outras nuances nesse meio-tempo, que eu ainda não desvendei. Como ainda preciso definir a última fase, a do desprezo total, em que o autor escreve pouco e profundamente. Pode ser uma fase de busca absoluta da essência, ou um mero tempo de demência e senilidade, ou um simples acovardamento do senso crítico pela proximidade da morte [não raro, juristas pragmáticos se tornam pretensos filósofos puros e visitam temas etéreos que sempre rejeitaram]. Porém, mais provavelmente trata-se apenas do desânimo em ver que suas palavras não serão eternas – pois ainda vivo o autor elas já potencialmente caem no esquecimento – e que suas obras, agora ou outrora lidas por muitíssimos, na prática ajudaram pouco. Aí sim, acho que estamos diante de um cientista *bartleby*.

Claro que desvendar esse processo deveria importar em fugir dele, mas talvez por inspiração da obra de Darwin que reli por cima para o próximo capítulo, esteja eu convencido de que a evolução natural é condicionante e o raciocínio humano crítico consegue desviar o curso determinista de modo muito tênue, quase insignificante. Parar de escrever pela consciência de que nossas palavras são estéreis será então algo natural, talvez sinal de que realmente se alcançou o extremo do processo criativo vital. Algo para poucos.

§ 2º

Serão raros os autores que não tenham utilizado a si próprios como campo de provas para a atividade criativa. Decerto não narram isso corriqueiramente, como os jogadores de futebol ocultam o doping, porém em sua profissão se veem obrigados a experimentar de tudo. Alguns deles, digo. Não houvesse regras punitivas para o consumo da química no esporte, certamente viveríamos uma competição entre grandes marcas de fermento de músculos e catalisadores de nervos, em que o atleta seria não muito mais que um suporte, um contingente; na atividade de pesquisador as regras antidoping não existem, daí dispenso enunciar a conclusão. Um pesquisador – como sempre, falo desde meu ponto de vista – nunca acreditará que a função do seu corpo é de promover a própria saúde, o que seria o maior símbolo do antialtruísmo.

Não se trata de acelerar o pensamento, mas de explorar caminhos. De crer que a mente é um labirinto cuja única regra vigente é o clichê de que uma porta que se fecha descerra em automático outra, como naqueles mecanismos dos antigos jogos de fliperama, em que se abrem as sendas para a condução da bola de cromo, que parece livre mas só obedece a comandos, os obstáculos em que tropeça e a que reage; que às vezes vê caminho aberto a andares inexplorados, que faz tremer toda a máquina; e que opera sob o risco de dar *tilt*, claro.

Se o cérebro abre novos caminhos

Tenho comigo guardado um experimento que há pouco remexi para aqui colocar. Custou-me refazê-lo, porque estava fragmentado e trazia muitos dados que, importantes a seu tempo – em que eu me preocupava com um tema científico em especial – aqui devem ser filtrados. Talvez seja sim um dos textos que mais me custou recompor, porque não envolve emoção mas a incongruência original de um experimento que deve, como em um bom método empírico, ser narrado de modo inteligível. Durante quase cinco dias e cinco noites, me mantive afastado no meu pequeno apartamento na Baixada do Glicério em São Paulo, que adrede não tem televisão, que não propositadamente (mas decerto com alguma conveniência) fica ao lado de uma tradicional boca de fumo, que ali se chama *biqueira*, que abastece os arredores do fórum, a quadra e meia da primeira delegacia da capital. Minha intenção era investigar o quanto eu poderia realmente estimular o meu cérebro a *produzir texto* e melhor observar a realidade. Claro que eu não partia do zero: já houvera notado que minha capacidade criativa seguia um ritmo ditado em parte pelo que, para dizer algo, é o relógio biológico e em parte pelos estimulantes e calmantes cotidianos; o café pela manhã, que eu preparo com a deferência de um chinês em seu chá, notoriamente agudiza o pensamento, permite a criação rápida porém estreitada e, se trazido em exagero, duas horas depois é capaz de causar uma paranoia equivalente à do usuário de crack (um dia, depois de alguns cafés expressos de uma cafeteria a que jamais voltei, acreditei ser seguido por dois homens nas ruas do Brooklin paulista e, minutos depois, afastada a hipótese da perseguição, um *outdoor* que aconselhava a economia de água me fez temer tão seriamente morrer de sede nos próximos anos que, ao chegar ao escritório, me meti em um *site* de imóveis para ver o preço de algum pequeno rancho no interior do Estado, que ficasse às margens de um rio limpo, Em alguns anos abandonaremos todos a cidade e a única riqueza será a água potável – e isso não é *overdose* de uma droga que administro a diário?). E à noite um vinho ou, para utilizar a linguagem jurídica, substância de efeito análogo, que induz de imediato o sono e a depressão, mas que amplia o espectro da visão dos problemas que preencheram o dia. Se bem acompanhada de um caderno em que se possam escrever frases curtas acerca das observações que fluem naturalmente, como um captar de pensamentos que pairam sobre a humanidade e esperam introjeção em uma mente já ocupada com sua própria indústria, pode render visões panorâmicas do tema em que se está concentrado, olhares que a perspectiva rasa do momento da escrita regada a catalisadores jamais propiciaria. Sob depressão, tudo é mais real, infelizmente.

O campo de provas estava todo montado: computador, internet, uma infinidade de textos sobre o tema que deveria escrever (uma capítulo de um livro de Direito penal que necessitava ser terminado com urgência – *autoria e participação*, se chamaria) amontoados no chão, um aparelho de som com fones de ouvido e meus CDs de sempre ou que pareciam ser de sempre, Mahler, Schubert para piano, Mozart, Dylan, Beatles, Queen e Ozzy. Sem Ozzy, eu pensava naqueles dias, não há texto que flua. O que segue não é o original do meu diário de campo, que se interrompeu, mas o que consegui reconstruir dele:

O primeiro dia. Estou acordado e pronto para meus experimentos, não quero ouvir música, só quero café. Tenho que prepará-lo em casa, porque a esta hora a padaria talvez nem tenha aberto. Meu café é tradicionalmente ruim, mas é café. Existe um nível de substância química que o cérebro deve absorver para funcionar em marcha normal, somente isso se pode chamar vício: a necessidade de uma substância para manter a normalidade, portanto não é intoxicação. Uma dose de café e fluoxetina no meu caso mantêm um nível mínimo para início de marcha. Com o tempo, esse nível se padroniza. Mas quem se põe à prova deve forçar os limites, e eu o faço esta única vez, em nome deste estudo e ciente dos riscos, controlados.

E a frase que me veio agora era uma declaração de Boris Pasternak, reproduzida em um documentário de rádio, dizendo que renunciava ao prêmio Nobel mas não renunciava a sua novela, porque o *Doutor Jivago* era o que existia de mais interessante e sincero em seu trabalho. Que estava convencido de tudo o que havia ali. Uma novela em que trabalhara por dez anos, e que lhe trouxera o símbolo da perfeição. Surpreendera ao próprio autor, de

Pasternak renunciou ao Nobel

modo que sacrificava sua vida para que o texto seguisse publicado, *That son of a bitch is brave and get braver*, soou especificamente no meu aparelho essa frase enquanto eu pensava que falta determinação aos acadêmicos para passarem dez anos em uma tese, que seria refletida e aperfeiçoada tanto em sua forma que forçaria a rever o conteúdo e dizer, Aqui está o que penso de toda a sociedade, para isso serve uma tese, mas esse trabalho não vai existir e ninguém o lerá porque a sociedade não o permitirá, sequer os novelistas de hoje o farão. O que me motiva agora é a cafeína ou a lembrança do exemplo de Pasternak? Ou a primeira utilizando a segunda como instrumento (então as ideias são instrumentalizadas pela droga, e não o inverso), certamente, fato é que consigo agora me concentrar, o que é tão raro, e li dois textos com régua, com anotações coerentes, viva a Xerox que me autoriza rabiscos no suporte. Coerentes as anotações, talvez tenha dito errado: anotações que encontram algum sentido no texto glosado. Depois de ler os tais dois textos sentei diante da folha pautada e escrevi a estrutura de grande parte do capítulo que faltava, que nada mais era do que colocar ordem nas dúvidas que eu necessitava elucidar, Dúvida: devo escrever em método crescente ou apenas me fixar naquilo que seja novidade para o leitor ou que funcione como imprescindível premissa para essa novidade?, eu tive uma incerteza assim no momento de montar essa estrutura mas não é ela o segredo de toda a tese?, o excesso de estimulante me fazia já pensar ao mesmo tempo como leitor e escritor (ubiquidade maravilhosa) mas eu deveria estar consciente de que poderia ser uma impressão totalmente falsa, a ilusão de onipresença é típica desses momentos. Mas funciona.

Criação no microtexto   Uma construção muito lúcida me veio ainda quando eu rascunhava a estrutura no papel com caneta tinteiro, sempre espero que ocorra esse processo, é o nascimento de minha produtividade: depois de ler e compreender ou recompreender o esqueleto que estou a compor, o cérebro busca o microtexto, como se uma voz passasse a soprar frases inteiras, coesas e ordenadas. Só então faz sentido ligar o computador a fim de digitar, captar e conversar com essa voz, voz já capaz de construir frases coerentes, orações subordinadas. É um processo mais lento do que esse que narro, na verdade; como se eu visse nas ideias de cada texto que leio personagens conversando na praça e só depois de entendê-los muito bem, depois de muita observação, conseguisse me aproximar para conversar com eles, interagir, na primeira abordagem talvez fingindo casualidade, um tropeço, perguntar as horas. Transformar, depois de muita contemplação.

Ligar o computador custou a concentração, deitei no piso de madeira que brilhava porque a limpeza tinha sido feita por minhas próprias mãos, modéstia à parte tenho esses repentes de trabalho bem-feito quando me ataca a neurose por exterminar todas as bactérias do ambiente. Levantei para trocar o CD do aparelho e deitei de novo no lugar exato onde estava, não tinha vontade nenhuma de dormir, somente de parar um pouco para recobrar a atenção, para isso há que se tentar repensar a estrutura da frase que esteve na memória, como se quisesse novamente pegar no sono e para isso me esforçasse em rememorar o sonho que interrompera ao acordar, algo parecido. Mas também o efeito da cafeína evaporava, era notório, porque progressivamente deixava de ouvir *Beatles* como melodia de fundo, para atentar a cada nota e a cada letra, como em uma batalha a voz de Paul McCartney avançava no terreno da criação, a devastar a teoria científica que se materializava em frases, jamais tente competir com um campo de morangos psicodélico. Com isso passou o tempo, ouvir um disco inteiro pode tomar quase uma manhã, mas pode ser pausa imprescindível no processo produtivo.

Levantei-me e voltei a escrever, as ideias estavam sim bem estruturadas, com *Beatles* e tudo. Escrevi obsessivamente uma página inteira (é muito) e reli na tela mesmo. Estava aceitável, apesar da imensidão de palavras repetidas, não intencionais, Isso se conserta com pronomes e um bom dicionário de sinônimos, é o que enuncio mentalmente para me defender da vontade de interromper o fluxo e começar a revisão. O hiato veio assim mesmo, porque sentia já fome e sono. Fome, sono, frio, calor, sede, tudo que nos lembra que somos seres corpóreos são escusas para brecar a escrita, olhei o relógio e foi o pior que fiz. Meia hora para meio dia, já estava dispensado de seguir com aquilo.

Peguei um cálice de vidro grosso e nele verti o vinho tinto de caixinha que estava na geladeira – pão vinho água óleo, o ser humano não vive sem a matéria-prima dos sacramentos. E uma substitui a outra, porque tomei meio cálice e a fome passou na hora, eu só pensava em verter outro copo. Autocontrole apenas porque não era o momento da depressão, e desci para o almoço na chinesa da Liberdade que faz o melhor Yakissoba de Bifun da cidade: Pão vinho água óleo shoyu, neste mundo de hoje. Casa outra vez. Mais meio cálice de vinho e dormi, como se não houvesse provado café.

Acordei às duas e meia da tarde entorpecido. Essa sensação me é cotidiana então não vale descrevê-la, desci no prédio dei apenas alguns passos à direita e encontrei um cão vira-lata de pelo manchado, uma profusão de cores em tom pastel, o rapaz perguntou o que eu queria, dois papéis que hoje não são papel são ampola, cujo nome técnico desconheço, ampola. Acho que denotei que tinha mais dinheiro que os habituês dali, fui abordado por um homem que me mostrou o pulso com um relógio Festina original e novo, Quanto?, perguntei, Seiscentos reais, agradeci, Ele vai comprar o relógio, não teu braço, vagabundo!, era o mais velho que chegava com as duas ampolas e expulsava quem lhe atrapalhava o negócio, ouvido atento.

On a crazy train. Voltei a casa e me propus a sentar no computador, mas meus dentes rangiam e as pernas não paravam quietas, movendo-se sozinhas, a sorte é que o apartamento tem sacada e quase não tem móveis, mas para a sacada eu não podia ir porque o sol me queimava mesmo os olhos. Peguei-me fuçando no guarda-roupa e destruindo uma camisa que estava puída, aproveitei um pequeno buraco não cerzido que havia no ombro para meter o indicador e puxar forte como se fosse uma casca de mexerica, exatamente como ocorria num livro que li da da geração *beatnik,* desde que li tinha vontade de fazê-lo, mas só ali com tanta carga semântica. Ao contrário de *Burroughs* não professo o vício nem sirvo para anunciar uma geração perdida, amo meu trabalho e talvez até minha saúde e acho que quero... Tive a breve sensação de que me arrependeria por espalhar tanto os pedaços de fio pelo apartamento, em algum momento teria de limpá-lo (as bactérias?), mas isso era sinal de que o ápice do efeito já se acabara, tão rápido. Não havia ali que pensar em consequências, apenas aproveitar o processo, sentei ao computador e redigi prodigiosamente. E tenho de parar de me policiar interrompendo a escrita quando atinjo um número significativo de páginas, como se fora pecado escrever muito e de uma vez. Sob pressão nascem os diamantes, e existem grandes obras que foram feitas de sopetão. Grandes não, mas algumas boas, que revelam alguma espontaneidade. Deixa, esse pensamento não deu certo, o melhor é retornar ao início, Não é pecado produzir muitas páginas; mesmo porque elas não devem ter lá muita qualidade.

Não vale continuar narrando, não aqui. Foram três dias e correspondentes noites, eu já disse. Fato é que as substâncias passaram fatura alta pelo estímulo à criatividade, então não deveria ter chegado aos extremos. Mas propositalmente não controlei. Dois dias depois eu não queria levantar e tinha muito medo. Medo dos telefonemas, medo de amigos que com o tempo sumiram, medo das imagens que estavam na minha cabeça tomarem forma, medo de ser chamado a uma guerra na Europa. Passei mais de vinte e quatro horas deitado e coberto, já no quarto.

Se a tese depende da depressão

Fechado, disposto a só levantar-me quando a depressão fosse embora (hoje recupero uma frase de *Morte em Veneza*, algo como que nada aborrece mais alguém que está fora de si que voltar a si próprio, Thomas sabia o que falava); mas nesse intervalo não posso ocultar que tirei também grandes conclusões que anotei e que apareceram tanto no livro que então eu escrevia como aqui. Ao fim e ao cabo, era tudo necessário: uma boa tese humana precisa da depressão profunda porque ... uma boa tese humana deve sempre partir da hipótese de que a vida ocorre em vão.

§ 3º

I. Miguel Delibes, um dos grandes escritores da Espanha contemporânea, mais de uma vez declarou que tomara gosto pela literatura quando, acadêmico, lia livros de Direito Comercial. Melhor, lia um manual específico do tema, que decerto teria sua qualidade literária. Ouvi um documentário biográfico sobre Delibes dias depois de sua morte, então soube que ele era amigo próximo do conterrâneo Torío López. Torío é um reconhecido cientista do Direito Penal. Uma amizade que não tinha nada de extraordinária em si mesma – ambos eram da capital de Castilha; ambos logicamente seriam contemporâneos – para mim se revelou uma coincidência expressiva. Porque, alguns anos antes, quando eu apenas rascunhava este livro (anotações perdidas, que se vão sistematizando pouco a pouco), redigi em meu caderno de apontamentos que a obra científica do espanhol Torío López, que eu lera exaustivamente por conta de uma pesquisa, revelava o senso literário do ensaio: com uma progressão definida por si mesma, sem ousar conclusões além do que fora sustentável no decorrer do texto, sem citações impertinentes. Hoje, quando redijo este trabalho, penso ter uma pequena contribuição a fazer à biografia de Delibes, surgida a partir desta minha investigação: conhecendo o mínimo da biografia do escritor de ficção, como a do penalista, posso dizer que ambos se aproximaram pelo gosto pelas letras. Era uma *afinidade* que unia a ambos, porque ambos o cultivavam.

Se eu afirmar que o professor de Direito Penal Torío López nutria sua capacidade literária *porque* fazia boa ciência, algum escritor de ficção poderia objetar que ele não passa de um romancista frustrado. Pensamento, aliás, típico de muitos artistas. Mas o essencial da proximidade, defendo aqui, é que a atividade literária e a atividade científica humana *são* exercícios *narrativo-literários*, e creio utilizar esta palavra com muito critério. Por isso, como exemplo, se a academia decidiu conceder ao jurista-romanista Theodor Mommsen o prêmio Nobel de Literatura, em 1902, à causa de sua obra científica – escritos históricos dentre os quais se destaca uma obra de Direito Penal Romano –, não é porque aqui e ali treinava a narração em termos abstratos, mas porque seu próprio texto *era* literatura.

Existe literatura científica

Assim estaria eu a afirmar que é necessário capacidade literária para a escrita científica? Ou que esta é uma peça de literatura? Não. Não exatamente. Quer dizer, caso se entenda literatura como *arte* literária ou ficcional, não. Mas caso seja possível afastar prejulgamentos para sustentar que se cumpre um *processo narrativo* ao escrever-se uma tese científica em ciência humana, realmente é essa minha principal assertiva.

II. Desconheço haver doutrina literária que conclua incisivamente que o processo narrativo e o processo argumentativo tenham a mesma estrutura. Provavelmente exista. Mas não cuido aqui da teoria literária, senão do método científico. Aos cientistas acredito conveniente afirmar que mesmo a composição da ficção tem seu método bastante definido (há uma metodologia a estudar), que coincide com a argumentação escrita.

Inicia-se a aproximação à narrativa na redação de ciência

Não consigo enxergar a composição de uma tese sem o desenvolvimento do conflito tal qual a literatura. Está deslocado da realidade quem ainda crê – influenciado pela leitura de muitos manuais de metodologia – que a redação da tese científica é um mero demonstrar racional de um percurso obrigatório que atinge uma conclusão. Acho que a partir daqui posso expor, mesmo sem um vocabulário específico literário (defeito que julgo compensado pela descrição da experiência em si mesma e pela espontaneidade), e ainda fazendo uma transição que prejudica a pontualidade do texto, com a intencionalidade de quem não quer dar dicas ou escrever um manual, algumas aproximações entre a construção da literatura e da tese científica humana. Se posso demonstrar tal aproximação, justifico que o ensaio seja um modo mais *realista* de expor a ciência humana.

III. Serviu-me de ponto de partida o tema do tópico anterior: fazer ciência humana significa responder a uma inquietação criativa. Quaisquer que sejam seus aspectos, que aqui não vale repetir, são atividade criativa.

As marcas que o autor imprime na tese

E, se são atividade criativa, atendem à vontade do próprio autor. Isso importa em dizer que se encontra a marca do autor na tese, quer ele queira, quer não (no caso de procurar disfarçá-la, camuflá-la como nas imitações, ainda aí estará um dom seu, que deve permanecer oculto, mas que existe, de fazer-se passar pelo estilo alheio). Infelizmente, nas teses de pouca qualidade – que abundam na Academia – a marca pessoal não raro é falta de recursos expressivos, pelo qual se pode reconhecer um autor e aquilatar o quanto ele ainda tem de progredir para tornar-se aceitável. Mesmo que seja aqui útil dissertar acerca da falta de recursos no momento da escrita científica, não apenas porque significaria seguir este mesmo percurso pelo seu negativo, mas ainda mais porque evidenciaria uma série de vícios corriqueiros dos autores, tenho de fixar-me na narrativa *intencional*, ou seja, par-

tindo da premissa que os que escrevem teses científicas
– mesmo rígidas – dominam os recursos linguísticos. Só
isso me permite assumir aqui uma posição analítica, ciente
dos riscos.

Surgem como primeiro ponto de partida as posições
políticas adotadas pelo autor da ciência humana.
Suas primeiras opções não são apenas de enunciação,
mas de escolhas a partir de previsões (nesse sentido a
política) de relacionamentos interindividuais. Com isso
afirmo que a própria pesquisa é conduzida por uma ideologia,
que somente com muito custo pode ser alterada a
partir do íntimo do autor. E, havendo essa alteração, outros
elementos nela interferirão que não serão os descritos
no caminhar da pesquisa, no corpo da tese. Por isso, porque
as alterações de convencimento político, se houver,
não são detalhadas no corpo da tese, reforça-se seu caráter
subjetivo e biográfico.

Nos mais estoicos escritos científicos identificam-se
latentes posicionamentos políticos. Infelizmente, muitos
dos que escrevem acerca de ciência – e que deveriam dar
exemplo de critério de busca de fontes – são os primeiros
a fazer referências expressas a livros que nunca leram.
Creio impossível que quem tenha lido *realmente* o *Discurso
do método* de Descartes não haja notado que ali se
encontra um percurso de escrita em que o autor confessa
opções pessoais de exposição de sua própria tese. Ou não
se lê no início da quinta parte que o autor renuncia a
enunciar verdades deduzidas de seu próprio método, porque
"para isso seria necessário falar agora de várias questões
que controvertem com os doutores, *com quem não
desejo me indispor*"? Ou ainda Charles Darwin, ridicularizado
por alguns dentro da própria Academia, nas sucessivas
edições de seu *A origem das espécies* tem de expressamente
ressaltar sua crença no Criador, que sua biografia
não desmente. Ou seja, nesse que é um dos mais perfeitos
ensaios científicos que já se fez, o autor tem de enunciar

suas premissas religiosas, que aparentemente lhe dirigem a pesquisa.

A ideologia   Um posicionamento ideológico então delineia a redação do texto científico. Se o autor tem a honestidade de expressá-lo ou se o prefere manter implícito, é escolha que constrói também com base em nortes políticos. Será, julgo, o texto coerente a partir do momento em que demonstre consciência – que não significa *explicitar* opiniões panfletárias – de que se conduz ao menos parcialmente pelas basilares convicções pessoais, já que na espécie de texto de que tratamos a neutralidade é utópica.

Não rejeito a possibilidade de que tanto Descartes (relativamente aos inimigos) quanto Darwin (relativamente a suas crenças), ao expressar seu posicionamento, tenham-no feito com um pouco de ironia. O que também é uma figura literária, é um passo além do método expressivo em si mesmo, e consequência direta do tal posicionamento político que se tem de assumir diante das várias pressões que surgem ao autor no decorrer da tese, e que devem encontrar rota de fuga. O ensaísta sabe que é ele quem seleciona os elementos de seu texto, de modo que a inserção de uma ideia, se desconectada do percurso, ao bom leitor poderá desmentir a importância de uma consideração, ainda que ali seja carregada de predicativos que tentem explicitá-la, como "relevante", "importante" ou mesmo "real". Um recurso difícil de aparecer em teses informativas não intencionais, mas que não será impossível em um ensaio consciente. Mais uma vez a técnica literária vem à tona, mas agora com a função de cumprir com os arremedos técnicos sem sacrificar o que haja de científico no texto.

IV. A diferença entre a arte literária e a científica estará marcada, diz-se, pelo estreito vínculo da última com a realidade, enquanto a primeira se pode perder em abstrações do intelecto, por vezes ficcionais: criar novos mundos dentro do mundo. Não posso dissolver essa ideia, mas creio que a relativizo bastante. Proclamar que o ensaio seria um meio-termo entre uma e outra poderia até representar uma solução, mas é preciso ver se ela se encaixa ao contexto da ciência.

Falar em literatura não significa falar em ficção. O compromisso com a realidade, em regra, não deveria dispensar de todo o contato literário, porém nem isso eu posso agora afirmar com certeza. Porque talvez todo momento de reflexão represente em si mesmo um afastamento efetivo da verdade, ou seja, refletir e interpretar – trabalho científico – quando não for uma mera descrição, pode ser ficcional. Não é simples, eu creio, e quando digo assim pretendo enunciar que eu mesmo sigo ainda inseguro.

Vínculo com a realidade

Narrativas que surgem de fatos para recriá-los com técnicas literárias não são novidade. Mesmo a atividade jornalística, que por natureza tem um vínculo estreito com os fatos, sempre necessita recriá-los e interpretá-los, claro, pois estes não são nem podem compor o texto em si próprio. A diferença entre um texto ficcional e um texto de não ficção não pode residir na quantidade de imaginação do seu autor, vez que o pensamento abstrato-temático da ciência humana também é fruto da capacidade de imaginação do cientista, sob *compromisso* velado de não se distanciar dos elementos reais. Um compromisso a que anui o leitor da tese, tal qual o leitor de um jornal, que espera que em regra não apareçam no periódico textos que não correspondam à verdade. Mas a tentativa de comprovação de todos os elementos da realidade impediria a narrativa. Aliás, ouso dizer que o compromisso absoluto com a realidade impede a redação de qualquer texto, ensaio ou não. Nem sequer um tabelião em seu cartório consegue construir uma descrição com fidelidade cabal aos fatos.

Questões clássicas como o que há de recriação na narrativa da Odisseia, na recomposição dos Evangelhos ou, dando um salto no tempo, nas narrativas de Truman Capote seriam pertinentes ao que aqui investigo, porém representariam minha própria desonestidade, porque não sou especialista em obras milenares e, para ser sincero, meu conhecimento de *A sangue frio* deixa a desejar: ganhei um exemplar de um amigo que, empolgado, ficava me questionando se terminara a leitura. Ansiava por meus comentários. Tive de lê-lo na diagonal, o que reconheço ser um erro, talvez justificável pelas circunstâncias.

Tenho – como é natural na escrita – de conduzir minha fala para terrenos que melhor explorei. É o caso do ensaio que redigiu Javier Cercas sobre a tentativa de golpe de 23 de fevereiro, na Espanha. Episódios que o envolvem jogam boa luz sobre limites de ficção e realidade.

Meia pesquisa perpetua uma mentira inteira

A obra mais conhecida de Javier Cercas, *Soldados de Salamina*, tinha sido objeto da minha mais esforçada concentração. Li *Soldados de Salamina* três vezes, anotando estrutura, planos diversos, rascunhando ideias e caçando contradições. Minha paixão por aquela obra parecia ter uma razão especial: como nunca, eu entrara no drama do personagem-narrador, que buscava, muitas vezes em vão, compreender a verdade sobre o passado na Guerra Civil Espanhola. Além disso, encontrei em *Soldados de Salamina*, uma ficção, um verdadeiro tratado de como se pode deixar de conhecer fatos sob a ilusão de estar-se constituindo uma profunda pesquisa. Ou como uma pesquisa malfeita pode perpetuar uma mentira. O intervalo de uma única geração já é o suficiente para deturpar o real, por vergonha, por interesse, por vontade de *não* reconstruir aquilo que não se quer ver. Sim, isto é muito comum na ciência humana, e a obra *Soldados de Salamina* pode ser lida, também, como um guia da alteração natural e difusa do testemunho dos fatos. Juristas e historiadores assim a podem ler.

Um golpe de Estado transmitido pela TV

Sabendo que o autor daria continuidade a seu estilo em um projeto ainda mais ousado na nova obra – o que é caminho natural do pesquisador – importei seu novo livro, o *Anatomia de um instante*, assim que lançado na Espanha. Li-o todo mais de uma vez (uma vez e meia) e não tenho dúvida de que se trata de um *ensaio*. O que demonstra o equívoco que ainda sobrevive, em especial no público brasileiro, ao identificar ensaio como texto caracteristicamente *curto*. *Anatomia de um instante* tem, naquela primeira edição, mais de 500 páginas. A história: no dia 23 de fevereiro de 1981, conhecido na Espanha como o *23-f*, a guarda civil fez uma invasão no *hemiciclo*-sede do Parlamento Espanhol, em um início de golpe de Estado. Talvez o único golpe de Estado filmado e transmitido ao vivo, cujas imagens se podem recuperar facilmente na internet. O primeiro-ministro Adolfo Suárez, prestes a ser deposto, permaneceu impassível em sua cátedra enquanto rajadas de metralhadora atingiam o salão; enquanto outros deputados, acovardados, escondiam-se sob as carteiras. Mas essas imagens são, no livro de Cercas, um ponto de partida para uma investigação mais aprofundada, sobre as origens do golpe. Principalmente para um grande mistério que segue sem resposta: o rei Juan Carlos, ainda hoje detentor do trono espanhol, teria anuído ao atentado? A arte do ensaísta passa a ser a *reconstrução* de cada uma das versões possíveis para as confabulações do golpe tentado, dada a minguada informação acerca das conversas de bastidores políticos (principalmente, claro, no gabinete real) o que significa *extrema técnica*: em todos os momentos, ao reconstruir passagens do que houvera ocorrido, situa o leitor a partir do que tem documentado, e o que é mera hipótese. Se disso resulta uma narrativa interessante, trata-se da arte literária, sem dúvida, da capacidade de fazer transcorrer o tempo, o conflito, os personagens e os detalhes. Ainda assim, não se define como ficção, senão como ensaio. Uma narrativa, em muitos momentos, em sentido estrito; em sentido lato, uma narrativa em todos os momentos.

A narrativa fortalece as hipóteses

Mas aqui temos de ir adiante: notar que essa arte narrativa – que é do autor pelo domínio da linguagem, que não mais o abandonará – não é aproveitada apenas por uma exposição que desperta interesse no leitor. A arte narrativa integra a capacidade de convencimento acerca das suspeitas ali formuladas. E nisso se diferencia do novo jornalismo de Capote, e aí se aproxima da ciência. A depender de *como* cada cena é descrita, cada uma das hipóteses do autor se torna menos ou mais verossimilhante. Por isso não seria de se desprezar a ideia de que o autor se esforce na narrativa mais detalhada – ou com maior progressão, ou com maior conflito – daquela conjectura que lhe parece mais viável. Assim a cena-hipótese adquire um sentido mais provável, mas apenas porque a reconstrução mental que o leitor fizera, por indução da narrativa, foi mais perfeita. Pode haver algum desequilíbrio nesse método, que seria exagerado: o risco é constante de que se sobreutilize a arte narrativa e assim se despr   е a consulta às fontes primárias, ou, ainda melhor dizendo, por excesso de trabalho narrativo se desconsidere que as fontes podem ser de todo parciais. Uma novela com esfumada relação com os fatos, que os reconstrói sem compromisso com a realidade seria um romance de não ficção, que não é o mesmo que um ensaio narrativo criterioso (como o de Cercas). Algumas biografias pouco pesquisadas que por aí se publicam são extremamente preenchidas com ficção e se transformam em um volume de possível entretenimento, inservível entretanto como informação ou fonte de futuras reflexões. Se fossem total fantasia, seriam mais proveitosas.

Essa discussão acerca dos limites entre liberdade narrativa e ficção tomou uma interessante forma prognóstica em um episódio que o próprio Javier Cercas protagonizou recentemente. Posso resumi-lo assim: Em 11.01.2011, o filólogo espanhol Francisco Rico publicou, no jornal *El País*, um texto que criticava uma nova lei antitabaco que então passava a vigorar ali; no final de seu texto, após tecer críticas à lei, escreveu: "en mi vida no he fumado un solo cigarrillo". A afirmação foi polêmica porque todos aqueles que conheciam o prof. Rico afirmavam ser ele um fumante inveterado (daí, talvez, seu ponto de vista vinculado em relação à lei antifumo). Certamente, prof. Rico mentira.

Comentando o episódio no mesmo jornal pouco mais de um mês depois, Javier Cercas defendeu a inverdade impressa de Rico. Lembrou, dentre outros argumentos, que Vargas Llosa afirmara que fazer uma novela implica mentir e que Hitler fazia campanha contra as "mentiras da imprensa". Certo, coloquei a frase do sanguinário ditador muito fora de contexto, mas Cercas também o fez. Sendo mais fiel com sua coluna de jornal, Cercas defendeu a mentira de Rico ao afirmar que se tratava de um toque de humor, e assim criticou os cruzados anti-imbuste, acusando-os de radicais, como são ou seriam radicais os cruzados contra o tabaco.

Mas a história não acaba aí. Dias depois (15.02), com grande senso de humor, outro jornalista, Arcadi Espada, publicou em sua coluna no jornal concorrente, *El Mundo*, que Javier Cercas fora detido na semana anterior, em uma batida que a polícia fizera em um bairro periférico de Madri. No prostíbulo. O colunista Arcadi, que já se colocava em debates indiretos com Cercas sobre limites da realidade e da ficção, conseguira, ao inventar essa mentira, seu intento: irritou Cercas profundamente, que veio a negar que alguma vez houvesse dito que existissem margens ficcionais no trabalho jornalístico. Mas não tinha sido ele quem afirmara que a mentira tem seu lugar no jornal? Ou isso só se pode defender enquanto não se ocupa o lugar de difamado pela ficção?

A anedota, que pode haver tido efeitos graves a eventuais mentirosos ou difamados, a mim serve como ponto elementar de discussão. Porque, no primeiro caso (artigo de Rico), o autor mentiu sobre si próprio; no segundo, a mentira recaiu sobre terceiro. Pois bem, utilizando-se do axioma de que *todo* texto tem um narrador, ainda que ele tente se ocultar – o que não é tarefa fácil –, arrisco dizer que quase toda tese rígida encontra uma *mentira* do autor sobre *si próprio*.

A tese rígida mente sobre o processo

Porque, se ele descreve uma pesquisa, e a apresenta de modo que apareça como convincente, deixa de ser sincero. Não apresenta suas limitações (quando o faz é de modo muito tênue ou de falsa humildade, aquela que busca elogio), não revela todas as suas dúvidas (somente aquelas que pode solucionar mediante argumentos que se seguem) e suas incertezas. Tampouco assume suas opções políticas; sempre insere citações que não fizeram parte do processo de pesquisa, pois o texto já estava fechado. Ou posso dizer algo ainda mais ousado: que muitas vezes o autor oculta a própria incerteza que tem acerca da força de sua conclusão, da correção de sua tese. É um caso extremo, em que se pode criar uma grande mentira científica, mas infelizmente não sei se é raro, caso se produza um texto bastante coeso. Então o paralelo: uma tese, em termos narrativos, ficciona acerca do narrador. Sempre. Algumas vezes ficciona sobre seu próprio objeto, e isso pode ser fatal. A pergunta é: o cientista se dá sempre conta dessa ficção?

Uma hipótese é a de que as ortodoxas regras de *método* sejam exatamente o meio de se manter um compromisso com a verossimilhança das ideias. Sim, é provável. Mas não posso deixar de observar que pode o inverso também ocorrer. As regras metodológicas muitas vezes são entendidas como um rigor de forma que, se seguida, legitima (maquia) qualquer conteúdo. No Direito, recurso a argumentos de autoridades semideificadas ou adjetivos tão incisivos quanto desprovidos de significado legítimo abundam no cumprimento dessa função acientífica.

Então fica claro que, se a condução narrativa é essencial na busca da aproximação com a realidade, o ensaio-tese também traz uma vantagem: o de assumir a existência desse narrador e, daí, de todas as suas limitações.

V. Por consequência, vem a questão de ser ou não conveniente que o autor enuncie a si próprio na tese, e de que forma o faria. Narrar em primeira pessoa é algo que importa menos, e, como não se trata de recurso bem-vindo ocasionalmente sequer na literatura ficcional, não creio que seja a clave da escrita científica, embora eu aqui utilize essa pessoa do discurso. Direciono a questão a outro tema: ocasionalmente me pergunto o que ocorreria caso se concedesse ao autor a licença de, em uma tese, descrever algo de sua *própria* experiência, independente da voz que se utilize para tanto. Nas teses que se mantêm na consulta bibliográfica, qualquer exemplo de cunho pessoal é rechaçado, com esta razão principal: não conta com o mínimo de generalidade que a ciência demanda. Nos ensaios em menor medida também isso ocorre, pois a inserção de um evento pessoal aproxima seu estilo do que é a crônica. Encaixar em um texto científico o relato de um fato ocorrido com seu autor significa praticamente atestar sua imprestabilidade.

Se o narrador deve aparecer na tese

Porém, se assumimos que de fato existe um narrador posicionado em uma tese – um narrador que busca textos por uma volição independente e os interpreta via um intelecto que se formou mediante experiências pessoais –, a narrativa de um ou outro elemento de vida pode compor um ensaio-tese com algum propósito. É um risco, sem dúvida. Mas acho que posso delinear algo melhor a respeito.

Não é impossível que o autor de uma pesquisa científica motive-se a compor um texto a partir de uma vivência pessoal. Algumas raras vezes, nas pesquisas acadêmicas jurídicas que conheço, seu projeto ou, depois de pronta, a introdução da tese pode descrever um ponto de partida fático talvez sem grande relevância em termos gerais, porém decisivo para a motivação do pesquisador (para exercício de sua criatividade, digamos assim). Em meu primeiro projeto de pós-graduação tentei fazer algo parecido, descrever um processo fático que me motivaria – e realmente me motivou – a uma pesquisa solvente, mas a falta de experiência talvez tenha feito expressar-me muito mal. Naquele caso, foi uma sorte.

A experiência individual na tese

Eu tinha meu diploma de Direito havia pouco menos de três anos; anos nos quais eu exercia intensamente a advocacia. Já alimentava desejo de iniciar carreira acadêmica, mas era algo ainda deixado à sorte; se ocorresse, aproveitaria. E me surgiu no escritório um caso concreto, envolvendo personalidades de São Paulo. Defendi durante ano e meio meu cliente-personalidade, tempo bastante para, observando a prática, formar a opinião de que a lei em vigor, que regulava a matéria, necessitava alteração ou ao menos nova interpretação; e isso me figurava acadêmico. A partir do que interessava a meu cliente, construí uma tese; tese em sentido forense: procurava direcionar os juízes a uma interpretação específica da lei vigente. Aos poucos (peças, recursos e mais recursos) aprofundei o posicionamento: ao mesmo tempo que meus recursos forenses rapidamente galgavam tribunais superiores, meu convencimento sobre o tema tomava corpo.

Não tive dúvida em transformar aquela tese-forense que eu desenvolvera em um projeto de pesquisa acadêmico, imprescindível quando pleiteava uma vaga no mestrado da universidade pública. Entrevista com o professor para conseguir a vaga no processo seletivo e a assertiva foi imediata, Se sua opinião já está totalmente conduzida, é melhor mudar de tema, foi o que sentenciou aquele que depois seria meu primeiro orientador, mas quem é mero candidato não retruca. Calei-me diante da censura. Apenas disse que eu sabia bem a diferença entre a defesa profissional de um posicionamento e a pesquisa científica. Ganhei a vaga, com essa mentira descarada, porque eu não me dava conta de diferença alguma, apenas enunciara a frase em um ímpeto de salvar-me. Se fosse hoje, eu diria que minha escolha surgia de um tema já colocado aos Tribunais apenas para comprovar sua transcendência prática, o que por aí se chama importância do tema. Já que o Direito é ciência social aplicada, poderia ter respondido, nada melhor que demonstrar que o tema é atualmente controvertido nas Cortes. Ou não?

Acho que disfarcei muito bem durante os anos que segui naquela pesquisa, mas o fato é que o velho orientador tinha razão desde sua primeira fala: sobre aquele tema eu estava cerrado em minhas conclusões. Inservível para a pesquisa. Por motivos pessoais, em que posso dizer que estava em jogo minha honra como advogado, cem ou mil textos de leitura não me fariam mudar aquela disputa de carta marcada. Se hoje leio minha dissertação de mestrado, não vejo nada muito diferente daquela minha primeira defesa de meu cliente: conquanto recheada e ampliada, sem muito mais reflexão. Sem um verdadeiro *processo novo* de reflexão. Então hoje eu creio que a narrativa da sequência que me levara à escolha do tema é parte faltante do texto; acho que o leitor da publicação tinha direito de conhecer sua origem, para precaver-se contra o comprometimento de meu ponto de vista.

Os temas que não servem à pesquisa

Pode-se opor que a incapacitação do pesquisador, revelada na inaptidão de curvar-se a evidências científicas em detrimento da uma ideia preconcebida, não deve pôr em xeque o método da pesquisa. Ao contrário, por representar uma infração a ele, denotaria que o rigor científico calcado na impessoalidade se confirma a cada infração. Levo em conta a objeção, mas ainda assim me questiono se é possível livrar a mente que lê e interpreta – a mente do cientista – de algumas vivências que lhe direcionam ou que lhe parecem direcionar o pensamento. Na ciência humana, repito, sigo duvidando da neutralidade, ou ao menos creio que são aceitáveis os meios de delatar as falhas que podem comprometer o fiel da balança, caso o próprio pesquisador consiga identificá-las. Se não, ao menos dê pistas para a dúvida do leitor.

Deixar de dar margem à dúvida no campo científico é um erro, ao se tratar de matéria humana. O senso comum, se não manifesta, ao menos intui que a criação é contaminada pela ideologia, porque disso há exemplos reiterados. No dia em que escrevo estas linhas – apenas para ilustrar – tema no mundo da cultura é a exclusão da celebração, na França, da obra de Céline (Louis Ferdinand Destouches), por ocasião do quinquagésimo aniversário de sua morte. O motivo é que, conquanto seja um dos nomes mais importantes da literatura francesa, sua contribuição ao antissemitismo foi inegável. Da mesma forma, também por estes dias os organizadores de Festival de Cannes baniram do certame o diretor dinamarquês Lars von Trier porque, em entrevista, disse simpatizar com as ideias do condutor do Terceiro Reich.

No campo do Direito, tem ficado de moda que a biografia de alguns pesquisadores seja revasculhada. O motivo: duvidar de seu posicionamento teórico, a partir do vínculo de sua vida a episódios totalitários. O que significa isso, senão reconhecer que existe um ponto de vista indeclinável em sua ciência? Que sua experiência de vida contamina sua observação científica?

Elementos extratextuais: uma observação demagógica

VI. Pretendo não ignorar que a interpretação de qualquer tese deve partir de elementos extratextuais. Essa seria uma réplica interessante à minha proposta de inclusão de elementos pessoais na tese científica. A leitura de qualquer tese acadêmica passa pelo conhecimento das origens e da formação do autor. Consequentemente, de sua biografia, sua ideologia. É uma objeção um tanto demagógica, porque os defensores do método científico puro não raro afirmam que o texto deve independer de seu autor, já que é pura descrição da observação objetiva.

Obrigar o leitor de um texto científico humano a informar-se acerca da ideologia de cada autor, conquanto seja uma recomendação seguida quando se trata de estudo histórico ou quando determinado autor é vinculado diretamente a uma escola e um pensamento, que não raro acaba por ser mais importante que a enunciação de suas próprias ideias, é algo utópico. Melhor que o próprio autor do texto científico identifique as experiências pessoais que são relevantes para seu estudo, até para poder criá-las.

§ 4º

I. Daí que a qualidade das informações da tese-ensaio merece alguma consideração desde seu início. Descarto desde logo a ideia que o maior número de informações implique mais segurança na exposição de uma tese. Claro que a quantidade de conhecimento prévio à construção de qualquer argumentação é fator determinante, mas nesse sentido voltamos à estaca zero em termos de composição textual: a tese tende a transformar-se em um acúmulo de informações que desperdiçam o que haveria de mais proveitoso na mente do autor, sua capacidade de reflexão. A interpretação e análise dos dados colhidos e sua convergência natural a um objetivo dão o sentido a qualquer expressão, ainda que de uma tese científica. Reflexão e capacidade de descrever o percurso de combinação das ideias é o que concede ao texto *intencionalidade* e *unidade de sentido*, o que então transforma a tese em um produto único, só então proveitoso ao leitor. A prova da segurança do autor está na *unidade* e na *intencionalidade* de seu texto, da qual a originalidade – tão festejada nas teses doutorais – passa a ser consequência direta, e daí não resisto a lembrar aquela frase marcante do personagem de Almodóvar que no monólogo final de *Tudo sobre minha mãe* afirma que a originalidade é o quanto cada um se aproxima de si mesmo.

Qualidade das informações

As escolhas do percurso narrativo

Em textos narrativos, o aparente menor compromisso com a realidade faz mais patente o vínculo entre a progressão do texto e a vontade do autor. É o autor que escolhe livremente as figuras (pessoas ou coisas) que compõem seu texto, na presunção de que todas elas seguem sua intencionalidade, pois a história inventada está sempre formada de significados: talvez mais que a própria realidade, como defende Auster. O aprimoramento da intencionalidade confere unidade e sentido (não só unidade de sentido) ao texto. Tenho entretanto de, seguindo na aproximação narrativa/escrita científica, notar um par de elementos que esfumam a distinção entre uma e outra, ao mesmo tempo que colaboram para dar pista do escopo da criação do autor de qualquer delas: primeiro, que a própria narrativa (ficcional ou não) é limitada pela imediação à realidade, entendida como a realidade que o autor consegue fazer crer ao leitor, caso contrário este se desconecta da história: quanto mais se distanciar do mundo comum, mais terá de trazer elementos convincentes para construir seu próprio mundo; depois, na escrita científica rígida, a conexão com a realidade é muito menos real que aparente: no labor de reflexão, a invocação de uma ideia pelo compositor adquire mais força, mais significação, que um dado real não selecionado à composição do texto.

O escritor – da tese ou da narrativa, ficcional ou não – está de qualquer modo impossibilitado de abarcar a realidade, já o vimos. Pode reconstruir algo próximo a ela, ou melhor, algo linguisticamente representado. Algo que, no ponto final da cadeia, que é o cérebro do leitor, permita a recomposição de uma memória verossimilhante. Essa é a arte de todos que se expressam, como é a arte do pintor. Saber que aquilo que ele vê como um borrão de tinta transformar-se-á, à devida distância e em composição com os demais traços do quadro, em uma figura cheia de sentido é um exercício de consciência e previsão – muito mais que de inspiração e firmeza de traço – que pouquíssimos dominam. Verdade, há poucos pintores.

Por tudo isso é que fico tão confortável para comparar a construção de uma ideia reitora da tese à constituição de um personagem de ficção. E as relações com as ideias – que se combinam e se transformam ao final em uma conclusão – também na interação e convivência dos personagens que são chamados ao texto.

II. No mundo próprio que o texto narrativo cria e mantém, os personagens são aqueles capazes de promover a transformação necessária para que o enredo siga adiante. E o que é o enredo? Sob o ponto de vista dos personagens, é sua combinação e interação com os demais componentes da trama, ainda que sob a perspectiva de seus pensamentos. Apenas a cointeração desses atores, do ambiente e vice-versa é que permite que o texto avance, que progrida em um mínimo percurso coerente. Se esse percurso é linear ao seguir o tempo, ou se elege para si outra lógica interna de expressão, trata-se de problema diverso. Não há como haver narrativa sem um personagem que a conduza, geralmente entendido como protagonista, para onde converge ainda que parcialmente o eixo da narrativa. E, se o excesso de personagens fizer com que não se encontre um protagonista específico, a coerência interna da narrativa indicará um personagem coletivo (como acontece nos brasileiros *O Cortiço*, ou no espanhol *La Colmena*, entre tantos outros).

Uma ideia reitora é como um personagem literário.

A História da literatura indica um movimento de relativização das características dos personagens de ficção, que se afastam dos arquétipos, a iniciar pela posição bem/mal de protagonista e antagonista, bem como pela assunção de papéis previamente definidos na progressão da trama, dos personagens de segunda linha: a amante, o banqueiro, o político, que no passado faziam um papel jogralizado de progressão pronta, previsível conquanto enriquecida pelas milhares de possibilidades combinatórias, tal qual o jogo de xadrez com sua infinita rede de combinações de personagens estigmatizados. Os personagens da literatura atual – e isso muito importa para refletir sobre o absolutismo das teses humanas – abandonam o maniqueísmo e, complexos (imprevisíveis?), melhor alcançam a dimensão humana. Ainda que a humanidade seja sempre mais rica que suas representações.

Argumentos se conhecem e interagem

De modo quase idêntico à progressão narrativa, identifica-se a progressão do texto científico de que aqui tratamos, ao menos quando trazido nos lindes da tese-ensaio, quando as combinações realmente se operam de modo livre, entendida a liberdade como assunção de opiniões e riscos pelo pesquisador. Como o personagem, o *argumento* que compõe a tese (que é direcionado a uma interação nela) também tem de aparecer bem definido. Somente pode ser invocado ao texto dissertativo com intenção clara no enredo, ou, para utilizar a coloquialidade, quando na trama dissertativa guarda uma função. A inscrição de um argumento sem pertinência à progressão das ideias não é diferente da aparição de um personagem sem lugar na narrativa, do mesmo modo que a tese sem novidade redunda na mesma falta de qualidade da narrativa conflitiva porém previsível. Somente um bom argumento, solidificado e composto de vários outros pensamentos, tridimensionais (ou seja, com profundidade), é que pode transformar e fazer evoluir uma tese. Os grandes argumentos da tese-ensaio se combinam, interagem, discutem, encontram-se e se desencontram, afastam-se e fazem as pazes, atraem-se e se apaixonam diretamente ou se repelem à morte embora inconscientemente se desejem, como protagonista e antagonista. Apenas a construção do personagem-argumento é que faculta esse enredo que interessa ao leitor além do meramente expositivo; ao mesmo tempo, somente o enredo é que permite o personagem, que não existe fora dele. O argumento alijado da tese tampouco serve de algo.

E a competência do escritor para construir um personagem consistente não se diferencia daquela que deve ter o cientista humano para compor suas ideias-chave. Algum conceito totalitário, preconceituoso ou reducionista, desses que abundam na ciência malfeita, não é outra coisa senão uma simplificação (pretensiosa) da realidade, tal qual um personagem arquetípico é uma simplificação indevida do ser humano. Uma ideia totalitária ou preconceituosa, generalizante, é incapaz de interações eficazes, tal qual um protagonista que somente faz o bem é inapto a travar uma relação interessante com outro personagem, caso se faça inverossímil de tão prognosticável.

Personagens arquetípicos de nada servem à ciência

A tendência histórica de aquisição de complexidade das personagens se faz também na construção das ideias-chave ou dos conceitos que orientam a tese científica. Os conceitos se fazem abstrusos e multifacetados porque os aspectos de compreensão da realidade vão-se densificando, então um conceito fechado, não flexível à mudança é infantil como uma bruxa de contos de fada incapaz de qualquer atitude que não seja uma grande maldade. E a profundidade de um conceito, de uma ideia-chave, traz como consequência, por assim dizer em efeito cascata, uma série de complexidades nos conceitos que com eles se combinem, porque para um personagem-argumento complexo suas relações de interação são infinitas, diversificadas e interpretáveis sob diversos aspectos. Um bom personagem contemporâneo é um sem-fim de reações imprevisíveis e não diretamente classificáveis como virtuosas ou viciadas, apenas humanas; um conceito ou argumento científico contemporâneo, sem perder a coerência, pode imprimir rumos muito originais (inesperados) a uma tese--ensaio, do mesmo modo que um personagem complexo haverá de surpreender a um leitor com uma reação virtuosa ou hedionda, sem com isso sacrificar seu perfil.

Também é comum que algumas teses mais longas não tragam um eixo único de progressão *explícito*, e nem por isso, exceto em uma interpretação mais rasa, abdiquem à coerência. Expor uma tese científica em termos de ensaio significa poder abandonar grandes ideias-eixo explícitas, preferindo analisar vários aspectos de um tema de forma aparentemente independente. É um modo arriscado de se construir a tese, porém harmônico à constatação de que a coerência do texto não se consegue enunciando, mas *encadeando*[3] temas. Assim é possível que uma tese acadêmica que pareça à primeira vista conter informações pouco mais densas que um manual, em uma segunda ou terceira leituras demonstre conter um eixo de progressão anteriormente invisível, decerto de enunciação dispensável na opinião do autor, mas que o norteia. O protagonista de uma tese *pode* ser um ente coletivo como nas narrativas modernas, um ente de que se capta apenas fragmento, porém fragmento que preenche a tese como um todo – ainda que isso só seja perceptível numa segunda leitura. Arriscado, repito, a depender do interlocutor.

Enredo narrativo-científico

III. A antiga distinção entre o texto narrativo como *representativo* e o texto dissertativo (a tese científica) como *interpretativo* está também de algum modo sentenciada à morte. A narrativa leva à interpretação da realidade a partir de um tema que, de tão bem narrado, coloca-se diante do público como um tema de todos, como diz Vargas Llosa. Não são necessários grandes exemplos para demonstrar que o mero apresentar dos fatos pelo narrador – seja ele ficcional ou não – já pressupõe uma interpretação algumas vezes mais apurada que a do cientista, embora permaneça velada. Não fosse assim, os *bons* escritores de ficção não seriam cultuados até no meio acadêmico como os mais competentes intérpretes da condição humana.

---

3. Assim se pode identificar um erro tão comum no cientista iniciante quanto no escritor de ficção jejuno: notar que para bem descrever um conceito pode ser mais útil visitar suas relações, suas adjacências, que repeti-lo constantemente. As raríssimas aparições de Darth Vader nos episódios do *Star Wars* não tiram dele o posto de personagem mais fascinante do cinema.

E a tese, por sua vez, tem o mesmo *status* da narrativa: também é a representação de um conceito principal que assume no início uma missão, a de interagir, combinar-se e sobreviver, como um protagonista de histórias antigas, aos extremados desafios que lhe serão impostos, aos desafios da dialética.

Também por isso me permito dizer que a elaboração de um bom roteiro de tese, ou ao menos da tese-ensaio, aproxima-se do enredo narrativo. Ou seja: se é *pressuposto* de toda narrativa a interpretação da realidade antes que ela seja reconstruída por via da linguagem, também é pressuposto de qualquer exposição interpretativa o domínio de uma técnica de narração. Quero evitar aqui simplificar a narrativa em geral, ao ponto de reduzi-la à existência de uma introdução, um clímax e uma solução. Claro que a narrativa é muito mais do que isso, em um constante desenvolver de sentimentos, interpretações, vazios, interações – personagens e vozes. A boa narrativa é polifônica como uma música de grande harmonia; mas não posso aqui alongar-me na análise de todos esses elementos, apesar do prazer que isso me propiciaria. Posso todavia afirmar que (de um modo consciente ou, na maioria das vezes, intuitivo) ao estabelecer o tema de seu trabalho o pesquisador elege um *conflito* principal a ser solucionado pelos diversos subconflitos que ele próprio inventa (na medida em que faz trazer para seu novo mundo textual), a fim de começar uma progressão que, embora aparente ser descritiva, parada em espaço e tempo, pressupõe a reavivação de constantes embates.

O cientista humano inventa seus subconflitos

A boa tese, tal qual a novela, tem sua progressão determinada não por um único conflito, senão por diversos que se interligam, mas que em determinado momento têm de ser dispensados do enredo, pois o texto não pode terminá-los todos. Construir uma tese significa conseguir traçar o caminho de uma ideia específica, que comparamos a um personagem-protagonista, em um mundo que se autorrecria com suas paisagens e combinações, mas que presume uma infinidade de outros elementos textuais que, ainda que não visitados, compõe o seu universo quase infinito. É o relato de um passeio ficcional de um personagem-conceito por um mundo que, conquanto tenha de ser minuciosamente descrito, já está construído pelas demais ciências, assegurado em grande parte pelas relações intertextuais. O famoso bordão de Michael Ende, em sua *História sem fim*, acaba por ser uma grande metáfora, creio, do que é o pensamento humano e, principalmente, o conflito do novelista, que é o mesmo do cientista, em querer, em desejar seguir investigando e conhecendo outros mundos, outros problemas, mas ter de se resignar a sua não onipresença, para ter de planificar seu tema. "Outra história, para outra ocasião", diria o escritor germânico.

IV. À diferença do texto narrativo, é bem verdade, a progressão da tese não é regida pela passagem do tempo. Os conceitos-personagem encontram-se e se desencontram de acordo com uma progressão que não pode ser indicada cronologicamente. A definição de que a tese tem uma progressão ideológica, enquanto a narrativa depende em essência do transcurso do tempo, é algo de que me ocupo mas, já adianto, não entendo atualmente capaz de determinar a cisão dos dois tipos de texto. E para isso apresento motivos principais.

a. O primeiro deles é o de que a indicação do tempo como fator reitor da narrativa é um estigma que já se encontra quase de todo superado. A teoria narrativa, ao que conheço, há muito indica formas distintas de mostrar (ou de não mostrar) ao leitor a passagem do tempo, como modo literário de, na maioria das vezes, manter a perspectiva mais subjetiva do texto: tal qual ele interessa ao narrador.

Seria pouco diferente de um livro de literatura para colegiais dizer aqui que a novela moderna inovou no tempo psicológico, que muitas narrativas ocorrem em *flash-back* e que tramitam livremente entre presente, memória e talvez invenção de futuro, sem caminho reto; ou dizer que o aproveitamento do tempo, ainda que cronologicamente considerado, condensado como em *Crónica de una muerte anunciada* ou Ulysses, ou cíclico como *Finnegans Wake*.

Ao acaso tenho a impressão pessoal de que é impossível que tenha sido necessário o modernismo literário para abandonar-se a cronologia ortodoxa da narrativa. Parece-me – claro, desde a fácil perspectiva de quem já recebe o prato pronto – que ele era um recurso tão natural como a narrativa mesma. Uma das primeiras técnicas que aprendi, em meu tempo de estágio, para a atuação no Tribunal do Júri, foi a de reverter, na narrativa, a ordem do tempo, quando ela é prejudicial à interpretação pelo jurado. Para alguém que mata quem violentou a filha, que importa se entre a violação e o assassinato haja passado cinco anos? Se a raiva reaviva totalmente as cenas do passado – como na cena clássica de *Vidas secas*, em que Fabiano reencontra o Soldado Amarelo – que mal existe em subverter os fatos ao narrá-los, ou ao colocá-los em seguida sem entreatos, se é assim que se apresenta na mente do agente? Pareceu-me sempre essa supressão do tempo um dos recursos enunciativos mais banalizados.

Quando redigi os primeiros textos ficcionais, notei que dava pequena importância ao tempo, simplesmente porque admirava os textos não cronológicos. Eram em regra mais profundos, ou mais ao meu gosto, porque há muito lixo literário que toma do estilo contemporâneo apenas o que ele tem de ruim. Mas apenas a reflexão a partir desta perspectiva conjunta com o texto científico é que me leva a uma conclusão que, esta sim, jamais vi escrita: a de que a narrativa atual inverte a cronologia não porque utilize as idas e vindas do enredo para tramar o texto (retomar o conflito etc.), mas porque concede ao tempo menor importância. O tempo não é mais o

O tempo perde seu lugar na narrativa...

fator reitor de muitas novelas porque existem outras variantes mais úteis para direcionar a coerência dos próprios elementos figurativos, para ordená-los. São eles os próprios temas.

Ao desprezar o transcurso do tempo, ou alijá-lo a uma segunda dimensão, inferior, na ordem discursiva, o narrador dá (ainda mais uma) mostra de que seu texto vem interpretado, direcionado por fatores elementares seus, que sequer são os coeficientes temporais. Diz, então, que a narrativa já segue em busca da supremacia do conceitual, não do figurativo. E assim voltamos à afirmação anterior, em um ciclo ideológico que ao ensaio é muito comum, como em Finnegans Wake. Que, aliás, eu não li.

... mas ganha importância na tese científica.

b. Se o tempo deixa de ser elemento reitor da narrativa, a tese por sua vez assume alguma progressão cronológica. A pouca indicação de transcurso do tempo no texto temático tampouco significa que se possa retirar dele toda uma ordem temporal. Não haverá tese que não dialogue com seu momento presente, e isso desde logo implica situá-la no tempo. Mesmo o pensamento mais conceitual terá sempre por detrás uma *narrativa* de sua evolução, um conflito cronológico que aparece implícito, por mais que se o tente esconder. Ao menos as teses humanas que conheço *presumem* sempre uma referência histórica, porque todo leitor intuirá que a chegada a um estado de pensamento (ou de coisas) demandou um processo evolutivo. Em termos textuais essa evolução pressuposta não pode ser, entretanto, confundida com os percursos históricos pasteurizados que as teses rígidas de pouca qualidade apresentam como introdução obrigatória: uma descrição que passa pelo pensamento grego (quando não se inicia no babilônico), pelo da Roma antiga, saltando ao Iluminismo e à República nacional, com pesquisa pouco aprofundada que transforma o texto introdutório em um percurso de paradas obrigatórias e despidas de sentido refletido, como os enredos-padrão de Escolas de Samba.

Não se trata disso. O que tento dizer é que as ideias humanas fazem uma constante relação de intertextualidade, com pensamentos marcados em diversas épocas, por isso a total desconexão temática com a progressão temporal dos conceitos, a cada parágrafo, é uma falácia. Assim a cronologia imprime também de algum modo sua marca na tese, ainda que não seja seu principal trilho, como ocorre nas novelas contemporâneas.

Mesmo que o texto em seu conteúdo em nada dependa da passagem do tempo, é ínsito da escrita uma opção temporal. Ela reside ao menos na *ordem* no olhar sobre o problema abordado. Quando essa ordem é escolhida, ela determina no leitor nova progressão sequenciada, o ritmo de leitura e de construção do pensamento, da soma de elementos que compõe a tese. Uma pintura, mesmo que demande a escolha de uma ordem em sua composição, é apresentada ao público de uma única vez: o visitante do museu Rainha Sofia vê *Guernica* de um só golpe e a partir de então elege para onde direcionar seu olhar. Embora possa compreender ali uma evidente narrativa de uma cena de guerra, é livre para decidir por onde iniciar a decodificação. A tentativa do autor de centralizar a cena principal pode ser em vão, e o bom pintor saberá disso, terá de trabalhar com essa nuance. Se no entanto tentamos transferir a pintura ao texto escrito (descrever a pintura com palavras), haverá de se definir uma sequência, muitas vezes em contraposição à própria lógica do quadro. Descrever o quadro (veja-se, por exemplo, a marcante descrição interpretativa que aparece no início de *O Evangelho Segundo Jesus Cristo*) significa narrar um olhar em trânsito pela tela, porque há que se impor a ele uma disposição – neste caso, uma limitação – que a pintura não tem. A escrita o exige, a partir da própria sintaxe.

Ordem no olhar

A linearidade em sentido formal (o texto é composto de linhas) do discurso escrito causa uma nova distribuição temporal: o que vai ser lido obrigatoriamente *antes*, o

Tempo meramente formal

que vai ser lido compulsoriamente *depois*, tal qual uma música, que *sempre* parte da relação com o tempo, a começar pelo compasso eleito. Assim, quem compõe a tese, porque trabalha com texto escrito, tem de trazer *formalmente* uma relação de tempo. É o que penso ser o *tempo formal*, de que nenhum texto está livre, que integra a técnica literária. E que tem de aparecer em todas as teses, em algo que se chama *ritmo*.

V. Narrativa e escrita científica encontram então a dissipada fronteira entre figuras e temas, personagens e conceitos, que ainda sobrevive, mas com tendência ao perecimento. Sobrevive nelas, isso é verdade, uma noção de ritmo, de velocidade intratextual, que não tem a ver com o transcurso do tempo materialmente, mas com o tempo formal, como concluímos. O tempo como forma é mais uma técnica literária que aparece nas boas teses-ensaio.

Ritmo da tese

Não trabalho aqui com ritmo no plano sonoro do texto, mas sim com a maneira como o conflito se desenvolve. A leitura da tese demanda acompanhar essa dialética de modo crescente, direcionada a um desfecho, ou ao menos trilhando um caminho intencional. A tese que tem bom ritmo é aquela que consegue apresentar essa evolução de forma constante, selecionando elementos que componham uma progressão, como um personagem que deve tomar determinadas atitudes durante a obra, reações e decisões ousadas para não se fazer inerte ou, pior, previsível.

E como se ganha ritmo em um texto científico? Qualquer escritor profissional terá a resposta de imediato: promovendo a progressão do conflito. De um modo mais próximo, retirando dele informações, limpando-o de toda a ideia repetida, de qualquer preenchimento inútil. Pode haver exceções, mas – às vezes acho desnecessário dizer – as grandes obras são feitas mediante quantidade imensa de descarte. Quando os escritores relatam o número de versões que fizeram de suas obras publicadas, o que em tempos de computador é ainda mais difícil de aferir-se, os que não pertencem ao ofício em geral se espantam, e é aí que faz sentido aquela frase, que se atribui a Baudelaire, de que quem diz que vai escrever um livro é porque nunca escreveu um. Real. Um processo de escrita, desprezo e reescrita constante. Quando alguém freneticamente escreve algo que é uma obra de arte, e revela tê-lo feito em poucos dias (lembro-me agora quando li *As I lay dying* de Faulkner, especialmente porque a contracapa do volume me dizia que havia sido escrito em seis semanas), há que se mirar o processo com muita cautela. Esses poucos dias – se foram mesmo poucos dias – trazem em si outros tantos tempos de preparo direcionado, ainda que o autor disso não se dê conta, ou simule não se dar conta.

Mas, por uma demanda de produção quantitativa de páginas, muitos pretensos cientistas recusam-se a cortar trechos de seu texto, a reduzir as frases. Então ignoram o clichê tão verdadeiro de que a produção do bom discurso tem muito mais de borracha que de lápis, muito mais de tesoura que de tinta, e se prendem à assertiva de que não encontram em seu discurso ideias repetidas, por isso não farão cortes. Impede-os a vaidade de notar que um conceito estrito de repetição já não serve àquele que quer, ou melhor, que tem a obrigação de construir uma evolução ritmada de pensamento, em um discurso escrito. Não se trata mais de um texto informativo, portanto a repetição significa não fazer o conflito evoluir, deixar de incrementá-lo. Perder-se, mesmo *sem* passar duas vezes pelo mesmo lugar. Assim que o leitor deixa de compartilhar das dúvidas do autor, de sentir-se motivado a encontrar junto com o texto as possíveis soluções a um problema real (ou que está convencido de que é real, como em qualquer ficção) é esse o momento em que se pode dizer que o conflito dissipou-se, então há apenas repetição enfadonha e, digo, nada científica.

As teses científicas brilhantes em geral são mais curtas, os pesquisadores o sabem. Mas não o são porque tenham em si menor capacidade de reflexão, justo ao contrário: brilham porque foram tão refeitas, tão reescritas para a síntese – não necessariamente no texto já elaborado, mas em rascunhos, cadernos de anotações (as palavras que ficam na mente e tardam anos em germinar, como certa vez li em Jünger), pequenos artigos, dissertações menores, até debates orais – que souberam conservar no trabalho definitivo apenas as fases do pensamento que contribuem à dialética.

Micro-
-originalidade
e conflito

Nesse sentido, acho que posso ser mais incisivo ao cientista se disser que sua tese será melhor quando tiver uma *originalidade interna*. Não basta eleger para o início da tese uma ideia ainda não explorada, o que por si já é muito difícil; há que se reiterar uma originalidade a cada momento do texto, para que ele não se repita a si próprio apenas por estender-se além do devido. A originalidade é uma coerência com seu próprio pensamento, que leva a um processo necessário de crítica e condensação antes de expô-lo a público.

A originalidade interna então é a capacidade de selecionar aquilo que contribui para a transformação da ideia principal, como o novelista seleciona os fatos que transformam a personagem. Uma visão mais apurada do conflito e da expectativa do leitor em conhecê-lo, acompanhar seu crescimento e desvendá-lo dirá ao cientista que não raro a lentidão intencional fará parte da própria construção, ao demonstrar um momento não evolutivo real e delimitado, ou uma questão aprofundada que merece reflexão detida como a psique de um personagem que não se desvenda. Mas um movimento verticalizado não é estagnação; ademais, é intencional. Pode constituir um novo conflito, que conquanto a princípio não seja de todo compreendido pelo leitor (porque lhe quebra o ritmo), adquirirá sentido em algum momento.

Não é o usual no comum das dissertações, se me perdoam o realismo. O processo da escrita de algumas teses segue um método inverso: a partir de uma ideia única, recheia-se e se aumenta o texto (em vez de cortá-lo), com citações, reproduções de conceitos, considerações históricas de duvidosíssima pertinência. Minha comparação é rasteira porém eficaz: se em lugar de promover uma *depuração* se fizer uma *fermentação*, como uma massa que deve crescer a qualquer custo, não resultará boa essência. Claro.

As teses fermentadas

Então é hora de desfazer uma contradição aparente: dizer que a tese-ensaio tem de permitir que o leitor acompanhe o percurso argumentativo, participando da progressão do pensamento do autor, assim como compartilhando suas dúvidas e incertezas, suas conclusões provisórias, suas leituras incompletas, não importa em afirmar que deve mostrar o processo real de sua construção de tese. A revisão, o corte, a supressão, a redução das citações não significam retirar do texto sua originalidade nem a possibilidade de progressão e interação com o leitor. Saber dividir o conflito não significa deixar à mostra suas entranhas, do mesmo modo que para narrar uma ficção com fluxo de pensamento não basta escrever o que vem à cabeça, mas tentar imaginar e recompor o que viria à mente do personagem. O chamado *mundo possível*, de que faz parte a tese, demanda reconstrução.

VI. Talvez uma das partes mais curiosas que delimita o ensaio é seu desfecho. Desfecho inconclusivo, por definição. Verdade: o desfecho do ensaio não conclui. Mas por quê?

Desfecho inconclusivo

Ouso discordar da maioria dos autores que li a respeito do ensaio, porque não creio que a falta de desfecho conclusivo advenha essencialmente do caráter provisório desse tipo de texto. Mesmo o provisório pode ser concluído com agudez, já que é o tempo (real) que se encarregará de desatualizar o pensamento. Tampouco acredito que sua aparente falta de desfecho seja uma intenção do autor, de jogar ideias no mundo sem se importar com suas consequências. Aliás, é talvez o mais comum pretexto para a má autointitulação de teses como ensaio: quando o autor não ousa assumir posicionamento sobre seu texto, não quer levar sua própria ideia às últimas consequências, porque sabe que se evidenciariam as contradições ou o totalitarismo, então diz que escreve um mero ensaio; recusar-se a revisar a tese e assumir os erros de seu pensamento, que não resistem a um avanço lógico, nem de longe é ensaio.

O ensaio é real ou aparentemente inconclusivo porque só assim mantém a sua coerência interna. E isso tem novamente muito a ver com narrativa.

O discurso de Gorpo   Sobre a caracterização do desfecho tive algumas experiências que me podem rapidamente servir de ilustração. Como advogado, trabalhei alguns anos com um dos grandes mestres do Tribunal do Júri em São Paulo, era um orador e tanto, com o sugestivamente literário nome de Doutor Fausto. Doutor Fausto, como defensor, conduzia, ao final de suas falas de tribuna, quase sempre um ou outro membro do Conselho de Sentença às lágrimas, o romântico estilo que hoje creio haver sido completamente abandonado na prática forense. Mas lhe ajudavam os ingredientes: era especializado em defender os então famosos "justiceiros", matadores que tinham em geral uma história de vida novelesca. E que também se extinguiram. Como escudeiro eu acompanhava Doutor Fausto todos os dias, a todos os julgamentos, ouvindo-lhe integralmente os discursos, conhecendo-lhes as palavras, as entonações. A harmonia, por complexa que fosse, para mim era uma repetição. Eu assistia a seu doce discurso porque guardava expectativa pelo resultado, algo sempre mudava, mas em grande parte era para mim tudo previsível, e eu só me dei conta depois, quando olhei a folha de papel que eu rabiscava, que certa vez enquanto ele preparava seu *gran finale* – arrematar sua fala de defesa com uma lacrimejante história – eu havia desenhado o Gorpo. Quantos anos eu não via o Gorpo? Talvez aqui o leitor não se lembre desse personagem dos desenhos animados, mas eu explicarei adiante. Sinto não ter guardado aquele despretensioso rabisco.

Anos depois publiquei um texto chamado "O emocionante discurso de Gorpo", que foi reproduzido em mais de um jornal jurídico e passeou bastante pela internet. Ali – sem revelar a origem da observação, porque Doutor Fausto, ainda vivo, era meu mais querido leitor – destaquei minha comparação com o *Masters of the Universe*, para ridicularizar os românticos: "Porque ao fim de cada episódio de He-Man, cujo roteiro raras vezes escapou à ideia de um plano frustrado de Esqueleto para conquistar Etérnia, vinha, como um apêndice, uma ridícula lição de moral, em geral protagonizada pelo Gorpo. O feiticeiro engraçadinho surgia após o eufemístico mata-mata, querendo tirar da pedra do roteiro o leite de um final feliz e didático: 'Não julgue os outros', dizia Gorpo, 'Ajude os amigos', 'Não fale mentiras', entre outras que não lembro, porque não me surtiram qualquer efeito pedagógico."

A comparação não era muito erudita, mas para mim tinha um significado relevante: mostrar que sempre me incomodaram os desfechos incongruentes, porque eu falava de Gorpo sem ver algum episódio do *Masters of the Universe* havia quase duas décadas. Subconscientemente eu deveria invocar o pequeno feiticeiro a cada vez que assistia a um dos tantos filmes que marcaram minha adolescência, como o *Exterminador do futuro* ou *Karate Kid*, que de modo semelhante sempre terminavam com um fundo lacrimejante quando o sentimentalismo passara longe de todo o roteiro.

Dez anos depois de haver desenhado o Gorpo, ganhei um exemplar do *Tres Rosas Amarillas*, uma coletânea dos contos de Raymond Carver publicados na Espanha, a partir do *Where I'm Calling From*. A indicação era que eu

Imitando a narrativa: o desfecho não é essencial

lesse para debater como se constrói um desfecho. Carver realmente domina a técnica, a segurança – não sei até que ponto imitado por outros autores – de decretar o fim de seu conto sem aviso prévio, simplesmente apontando para outro tema. Surpreendente a princípio, frustrado só ficará aquele leitor (mal) acostumado ao sentimentalismo, a um final feliz ou triste porém determinante, que encerra uma história quando todos sabemos – se raciocinamos um tanto – que a vida não põe fim imediato nem aos episódios nem às reflexões. Menos ainda aclara desfechos moralistas. Não desprezo Carver como um grande usuário dessa forma de demonstrar a menor importância do desfecho no processo narrativo, mas hoje considero que outros escritores também o fazem com maestria. Quem lê *A quinta história*, de Clarice, aprecia uma demonstração empírica – que mereceria reconhecimento dos críticos de todo o mundo – da arte do autor de prescrever o fim de seu pensamento, de reinar absolutamente no momento da conclusão. De qualquer modo, na tese ou na narrativa, acho eu, fica cada vez mais claro que o desfecho deve ser a parte mais natural do texto, como a morte é o termo natural da vida, não a pompa da cerimônia fúnebre.

O ensaio não fecha uma conclusão porque respeita a autonomia de seus argumentos. Nesse ponto, tem muito mais ciência que uma tese que cristaliza todas as suas conclusões, sem a humildade de delegar ao leitor a capacidade de sustentar opinião diversa a partir dos argumentos que ali estão. Novamente, o erro é redigir para um consulente, não para o leitor.

VII. Outros planos conseguiriam marcar a aproximação entre tese escrita e narrativa, mas depois destas considerações creio que, se eu os explicitasse muito, beiraria a dogmática do manual, da qual já afirmei aqui fugir. É uma opção pelo estilo de texto com cujas consequências eu devo ora arcar. Como também arco com a aparente falta de tato de não haver deixado para o último termo de comparação o tal do desfecho no ensaio, que pela lógica mínima deveria vir ao final da presente dissertação. Mas essa opção é consciente na medida em que me permite deixar como desenlace a sintonia fina, os elementos menos estruturais. Não o fim, o acabamento.

Apenas vou ao que o leitor já conhece nesta afinação: a preocupação com o vocabulário especificamente e, no geral, com o plano sonoro do texto.

Os vocábulos do idioma, quando ganham significado, chamam-se *termos*. O cientista da área de exatas – por exemplo o matemático – conseguiu criar para si uma linguagem artificial, hermeticamente trancada no uso a que se destina. Simplesmente são conceitos/ícones que servem com exclusividade à sua ciência: os números, os sinais, as letras gregas pinçadas do alfabeto em que se agregam inúmeros poderes dentro da realidade matemática. O cientista humano não tem a mesma sorte, e deve-se contentar com o uso linguagem natural, a do idioma criado por seu entorno. Suas leis científicas têm de ser enunciadas por esses vocábulos obtusos. Por isso o cientista sabe como dar a uma palavra comum seu significado técnico, destacando-a da linguagem cotidiana, importando-a tal qual de outros idiomas que têm maior possibilidade expressiva, criando eventualmente um novo vocábulo. Ou, dentro de seu próprio texto, atribuindo a determinado vocábulo um sentido intratextual, como se a palavra ganhasse a partir das fronteiras de sua obra uma nova identidade, que só vale dentro de seu território soberano. O texto recusa-se a carimbar-lhe simplesmente o passaporte, assim sem intervenção.

A linguagem natural

Mas a preocupação do cientista com a seleção de palavras está longe de reduzir-se à precisão técnico-conceitual, tal qual sua ocupação com a coesão do texto, com a não repetição de significantes, com sua leitura direta, ultrapassa muito o singelo argumento de competência linguística, a mera fuga do preconceito de que aquele que não domina bem o idioma, por não ter bom nível cultural, não pode expor uma grande tese. Nisso desdigo o que outrora alguma vez escrevi. Bastaria para tanto um bom revisor gramatical – o que não é pouco, ressalto bem sua indispensabilidade; mas tenho de ir além.

O plano sonoro no texto científico

Já assisti à sessão do Supremo Tribunal Federal em que se superou uma alteração na redação de uma súmula (uma pequena frase-norma, portanto), apenas a fim de evitar uma incômoda rima em prosa. O plano sonoro do texto é relevante em qualquer disciplina. Por isso, todo tradutor lerá seu texto em voz alta, a fim de saber se a sonoridade está respeitada ou se pode transformar em algo aceitável. É a cena do "ler em voz alta", marcando o ritmo do texto sua estrutura, que de algum modo deve tanto haver impressionado Carl Spitzweg, ao pintar seu quadro mais conhecido, *Der Arme Poet*. O quadro não me desperta enigma, pela certeza da captação que teve o artista do momento do poeta: ele, reduzido à pobreza de seu sótão, lê em voz alta seu poema. A literatura e a sonoridade representadas, juntas, por uma imagem visual.

Um pouco sobre o plano estético

Porém de que serve esse padrão estético, essa busca de unicidade? Tenho para mim uma resposta bem clara: diferentemente das teses em ciências não humanas, existe uma larguíssima margem de indefinição que apenas é *suplantada* pelo cientista na construção de um elemento estético. O que existe de indefinido ou inatingível pelo raciocínio é algo que está em um plano de percepção para além da lógica cartesiana, é substituído por um, por dizer algo, "fechamento" que somente a estética é capaz de conceder. Esta opera na ciência humana como a linguagem artificial, nas ciências exatas: cerrando questionamentos que não podem ser feitos naquele momento, sob pena de comprometer o raciocínio em sequência. A diferença, entretanto, reside em que na ciência humana tais deficiências da linguagem, que não captam esses pontos externos de percepção, são apenas de modo implícito estancadas. Via tratamento estético.

Na disciplina do Direito tenho isso para mim de modo muito claro. Porque ela está ancorada na noção de Justiça, ainda que – conquanto muitos juristas escrevam centenas de páginas sem sequer mencioná-la – esteja sempre implícita. E como se define Justiça? Os jusfilósofos se digladiam para tanto, mas não fazem mais do que uma mera aproximação idealizada de algo que tem nome mas não tem conceito. Sobre a Liberdade, fundamento do Direito Penal, ocorre o mesmo: temos apenas alguns grandes louvores, algumas preces, algumas definições pelo negativo, alguns sensos comuns. Ou, para provar que somente a arte se acerca às definições, na poesia encontra-se a melhor aproximação que existe ao conceito de liberdade, aquele que não há ninguém que explique e ninguém que não entenda, disse Cecília Meireles. Bom senso, psique, alma, nação, pátria, história, razão e tantas outras claves da ciência humana que agora me escapam não devem ser entendidos apenas como *noções confusas*, como outrora reproduzi. São verdadeiros componentes da ciência, que pouco mais fazem que tentar suprir com linhas e linhas, e exemplos e concretudes e elucubrações esses significados inatingíveis. Um esforço louvável, se estamos em evolução.

Portanto não ignoro a ideia de que exista realmente um problema de *objeto* na ciência com que trabalho, que interfere diretamente no método, mas deste apenas posso aqui cuidar especificamente. Uma discussão acerca do objeto do Direito, da Filosofia ou das demais ciências, se é que têm mesmo essa autonomia, fugiria à minha capacidade expressiva. Existe na ciência humana um modo específico de captação da realidade, que é um senso subjetivo (no caso do Direito, o senso de Justiça assim resumido). Essa captação é metafísica, espiritual, ultrassensorial ou qualquer outro nome mais próprio com que essa subjeti-

Quem racionaliza a intuição?

vidade se possa definir. Mas é intuitivo, ponto. Então a literatura revela-se, dentre as artes, como a que consegue menos imperfeitamente racionalizar essas construções intuitivas, porque desce à quase frieza dos conceitos da linguagem escrita, de todas a mais trabalhada. Não é a que melhor consegue expressar talvez essa intuição (uma pintura, uma música ou uma cena de cinema pode fazê-lo mais perfeitamente ainda no impressionismo), mas é a que melhor a *traduz* à chamada racionalidade.

Quando o pesquisador da ciência humana utiliza como premissa até implicitamente elementos como a Justiça, a Prudência, o Equilíbrio e oculta que sua origem é intuitiva, às vezes porque nem sequer a perceba, falha em método. E o cientista que nota esse diálogo descobre a literatura como o elo perdido entre o instintivo necessário e o racional, e sabe alijar aos amplos corredores das entrelinhas – intencionalmente arquitetados – tais elementos de contato, o que implicará novamente estabelecimento de conflito, transformação, ritmo, intertextualidade e todos esses demais elementos da literatura, em especial da narrativa.

Os bons ensaístas filosóficos, com sua capacidade enunciativa literariamente assumida, demonstram conhecer essa realidade há muito tempo.

Conceito de ensaio

VIII. Neste momento sinto-me então apto a redigir (que não significa cerrar de todo) um conceito de ensaio, como uma composição textual argumentativa que permite enunciar elementos concretos e abstratos com suficiente conflito, a fim de facultar que o leitor acompanhe o processo de combinação e transformação de ideias, podendo complementá-las ou delas duvidar, por conta de seu estilo de exposição. Algo assim.

§ 5º

I. "Ninguém arrasa no palco como nós. É o que sei fazer de melhor e o que sempre farei." Colhi aqui a frase de Lemmy Kilmister, líder do Motörhead, em recente entrevista. O velho Lemmy tem autoridade para falar de seus espetáculos, e eu, modéstia à parte, para falar de Motörhead, porque consegui fazer meu pai me comprar um LP da banda (*Overkill*, na coleção do Heavy Metal Attack) quando nem sequer tínhamos aparelho que o tocasse. No momento em que meu velho pai comprou a nossa vitrola nova, as gerações se cindiram definitivamente: os que não suportavam e os que adoravam aquele som. Som, no meu conceito.

Passaram-se trinta anos e Lemmy deve continuar observando o mesmo problema, já que preservou seu estilo, seu visual. O som ainda deve dividir gerações, não atrai a todos. Ainda assim, o líder do Motörhead sabe que sua apresentação é incomparável. Na arte cênica, isso se chama presença de palco. Sua arte nunca cativará a todos, ou agradará a muito poucos, mas sempre será de qualidade cênica se ele demonstrar que sabe a que veio. *Segurança enunciativa*

Essa segurança como qualidade há no bom trabalho artístico de qualquer natureza. Não deve existir crítica mais corrosiva ao artista do que afirmar-lhe que sua última obra parece insegura, algo como, Talvez o autor ainda não saiba bem o que pretende transmitir. Mesmo que sua intenção seja transparecer fraqueza e insegurança, o próprio artista é o primeiro convencido do sentido (não necessariamente do valor) que sua criação condensa. Dizer que existe uma segurança no atuar não importa em afirmar que o artista tenha de ser um grande ego, ainda que alguns assim o encarem. Ao contrário, sua segurança advém da capacidade de externalizar o que deseja, porque domina esse descompasso que existe entre duas dimensões distintas, a da sua expressão e daquilo que é representado.

Era essa a última comparação que quero fazer, para não criar objeção de que com a construção da tese-ensaio defendo um processo meramente intuitivo de fazer ciência, em que importa mais a forma que o conteúdo. Quem escreve uma tese, na medida em que a compõe em um texto, não escapa à lógica: existe um ponto nuclear, inultrapassável, que delimita o que *aquele* texto veio dizer. Por paradoxal que aparente, é o fato: a segurança e a experiência ensinam que cada palavra deve contar com grande segurança, com conhecimento do assunto e com intencionalidade clara. Não raro, teses vêm recheadas de longos capítulos que demonstram erudição e conhecimento do autor, mas falham em conseguir unidade: enquanto o cientista ganha prolongando seu texto na tentativa de fazer presumir que domina o assunto como um todo (e não raro assim obtém crédito diante do leitor menos crítico), perde ao demonstrar sem perceber que seus objetivos não são claros, e sua segurança é comprometida. O inseguro é sempre prolixo, dizem assim os estelionatários.

Talvez a segurança venha sim com os anos, mas sempre acompanhada da observação e da autocrítica.

II. Todos esses cuidados tomados, surgirá uma recompensa evidente. O texto da tese passará a incorporar uma vida própria, que se explica racionalmente: se foi respeitada toda a lógica do ensaio, que não é apenas a lógica do autor, o discurso terá condições de dar seus próprios frutos. Independentes, portanto, de seu criador. Faz sentido a frase que me disse um grande amigo acadêmico e que se faz marcada em mim, "El texto es más inteligente que uno mismo", entendendo-se, claro, o texto como o bom texto. O bom texto é mais inteligente que seu autor.

Vida própria do texto   Outra razão que guardo para esse fenômeno, além do rigor do método, é que a concepção de um bom plano estético permite a aquisição ao texto de uma *personalidade*, que consequentemente faculta as mais diversas leituras.

O que seria desprezível em termos de método exato, aqui adquire um caráter perfeito para a ciência humana: o texto consegue impor um espaço seu de criação e desenvolvimento porque apreende muitas informações de seu autor e de seu leitor; porque devolve ao leitor seu raciocínio, suas lembranças. Não é mentira que o bom texto científico leia ao leitor, amarrado por esses elementos amplos de subjetividade e remissão intertextual: aquela imagem de que à roda da bicicleta não são tão importantes os raios de alumínio quanto o espaço que há entre eles. Ser consciente das lacunas que o interlocutor deve preencher em seu processo de decodificação é algo que poucos escritores alcançam; e os que alcançam fingem não o saber.

Pensar que a estética é intuitiva e que por isso não constitui ciência iria contra o quanto aqui me tenho esforçado em comprovar. Bem ao contrário, construir um plano essencialmente estético – que é característica do ensaio – configurará uma ideia de que o raciocínio, quando exposto em linguagem, tem suas próprias regras; e seu cenário e elementos de transformação passam também por uma percepção que se aproxima à arte, pois somente ela faz com que o leitor acompanhe o que ali está exposto, e o interprete e o complemente à sua realidade. Ela, nesse sentido, é que concede capacidade de expressão à tese-ensaio. E nada disso deveria ser inconsciente ao cientista, já que seu raciocínio de método não é fechado. Quem conhece ciência humana sabe que nela avançar implica sempre quebrar crostas, ideias que se cristalizaram com o tempo e merecem revisão; recusar-se a repensar o método neste ensaio seria, agora sim, radicalmente contraditório.

SEGUNDA PARTE
(a universidade)

§ 6º

I. Oito meses ao menos separam a redação da primeira parte deste ensaio desta segunda, que é final. Talvez não conclusiva, mas final. Eu seria incongruente se pregasse a decantação do texto mas redigira este de um só golpe, mesmo sobre rascunhos colhidos em anos. O processo intuitivo é útil porém traz em si seus venenos, e já estou convencido de que é necessário largo tempo para que o texto pareça um fluxo de pensamento, crie a ilusão de haver sido redigido em uma noite. Simular improviso requer treino, como o bailarino que se exercita por horas para fazer parecer que a companheira que ele levanta nos braços é leve como uma vassoura de cozinha. Oito meses, no ritmo de produção que nossos dias nos cobram, não é um intervalo desprezível.

O repouso do texto e a tirania do autor

Pela primeira vez pus em prática essa interrupção intencional, produtiva porque permeada por um tempo de vácuo puro, em que nada se pesquisa ou se lê diretamente sobre o tema, somente decanta. Vivi episódios intensos nesse hiato e tenho até vontade de narrá-los aqui, mas não acho pertinente fazê-lo de modo direto ou detalhado, pois me desvio do tema. Posso dizer, assim por alto, que voltei à minha pesquisa técnica do Direito Penal (faço outra tese, pela qual também estou animadíssimo) mas contaminado pelo vírus da observação acerca do que afirmara aqui neste trabalho: narrativa, ciência, subjetividade; li boa parte de um clássico da ficção, porque queria dele algumas informações, mas acabei cativado pela história, o que não é raro. O que mais? Pode parecer infantil, mas uma das mais marcantes experiências foi ter vivido um *déja-vu* quando a aeromoça da Lufthansa me disse *auf Wiedersehen*, e eu lembrei da cena inicial de uma novela que me marcou profundamente (que só então eu percebi que me marcou profundamente), novela que iniciava com essa cena, a despedida do avião, *auf Wiedersehen*, da aeromoça. A impressão desse reviver – certamente catalisada pelo *jetlag* somado a uma cerveja intempestiva que bebi logo ao chegar no aeroporto – me desatou uma série de reflexões sobre o modo como o leitor pode entrar no texto e completá-lo com suas experiências, como eu havia redigido na primeira parte do ensaio, tal qual a fala da aeromoça real do voo abriu um canal para que eu encaixasse aqueles meus momentos no cenário de uma ficção, com a impressão de que eu conhecia aquela cena e poderia até mesmo prever minha reação, porque nada para mim era novidade: eu já havia lido a novela.

Desfrutei de um prazer imenso por ter conseguido fazer essa pausa, pois eu conhecia apenas em teoria a utilidade de uma série de leituras paralelas, de conversas com ilustrados que sempre tinham por fundo o texto latente que aguardava seu tempo de retomada, ou a complexidade das combinações abstratas de raciocínio que só é alcançada nos longos intervalos de espera em aeroporto ou na solidão dos cafés internos do trem. O texto só fica mais inteligente que seu autor quando o autor se afasta dele, é algo que eu agora posso completar, o que me daria margem a fazer uma talvez produtiva reflexão sobre o efeito pernicioso que o cientista pode exercer na sua própria obra, se não souber dar a ela momentos de liberdade, se sufocá-la continuamente com seu excesso de zelo. Sim, sobrevive o risco de eu inconscientemente imitar minhas leituras, a história do raciocínio alheio. Mas não é isso que eu programara dizer, preciso voltar ao eixo.

II. Eu programara que esta próxima etapa seria de contraposição entre a redação científica e o sistema universitário, daí a satisfação com a utilidade desse intervalo veio muito a propósito. Porque a realidade nacional não concede em regra o tempo imprescindível para acomodação de ideias sobrepostas, os pequenos abalos sísmicos ao fim diminuem a fissura. Quando muito, há prazo suficiente de pesquisa e – vejo-o sempre – sacrifica-se mesmo a oportunidade de uma releitura do escrito para fazê-lo final.

Então antes de retomar o texto, devo firmar o que esse intervalo de pensamento realmente mudou acerca do que eu havia escrito. Não sei se houve alguma mudança nuclear, mas talvez alguns pontos tenham ganho importância em minha apreciação. Primeiro, aumentou muito o medo de que eu seja mal-interpretado. A leitura de alguns textos que se denominavam ensaios ou que seu autor propunha ainda que implicitamente uma liberdade da ciência me propulsionou ao temor: em geral os textos que o fazem são péssimos e buscam apenas opinar sem planejamento suficiente, sem leitura e sem pesquisa. Li neste intervalo coisas medonhas que se intitulavam ensaio, rascunhos de lixo, com narrativa de episódios da vida pessoal desencaixados, desgeneralizados, interessantes somente ao autor que não tinha por que externalizá-los – ou não soube fazê-lo com um mínimo de competência. Bom que li isso. E, pior ainda, alguns escritores de menos luzes no meio jurídico, que tentam aproximar direito e literatura (e eu defendi aqui que a ciência humana é arte literária) de modo totalmente equivocado: citando trechos de Machado de Assis ou colocando epígrafes encorajadoras de Fernando Pessoa, distantes da compreensão de que a literatura está no uso estrutural da narrativa e não na citação – normatizada formalmente como se fora argumento de

Novo medo ao mau ensaio

autoridade de um cientista dogmático – de um poema genérico que se encaixa em qualquer contexto, desprovido de função textual. Tenho muito receio de que a liberdade a que me refiro seja mal-interpretada por aqueles que se julgam tão inteligentes e preparados a ponto de dispensar leitura e método rigoroso, travestindo de ciência pensamentos egoístas, megalômanos e infantis sem nenhuma transcendência ou sustentação teórica.

Retorno ao início deste ensaio

Também se agrava meu receio pela alta exposição pessoal que fiz até aqui: revelei experiências com meu próprio corpo, com a liberdade de pensamento, que não me agradariam que sejam lidas por quem esteja despido ao menos de uma parte da compreensão do que significa ter a ciência como ocupação principal, não como um cursinho de atualização para o exercício de outra profissão. Então há duas alternativas: posso retornar ao início do texto e reescrevê-lo, ousando menos e aliviando as conclusões a que chego, ou posso manter sua medula como está e acrescentar um alerta inicial, algo como um prefácio que afirme que este texto não é para quem redige a primeira tese. Posso falar assim, que é um texto para "iniciados". "Iniciados" soará pedante, porém moderno. Tal atitude, claro, diminuiria drasticamente o público-alvo se esta obra for publicada, mas isso sinceramente me importa pouco. Fique claro: importa pouco que se diminua o público-alvo, importa muito que seja publicada, porque este escrito em algum momento terá de ganhar autonomia, e isso melhor ocorrerá quando ele se multiplicar. Somente a proliferação fará com que ele escape em definitivo do meu jugo tirânico, já o disse. Mas volto às alternativas: para quem defendeu que a tese ou o ensaio são regidos por um conflito, tentar retroceder no texto para apagá-lo, apenas por receio de uma má interpretação, seria negar a própria teoria. E o que mais quero nesta obra, por simples que seja, é poder pôr em prática o que escrevo, note ou não o leitor. Isso daria a oportunidade de comprovar também que um (bom) livro lido é um bom livro ainda por ler, e desta vez eu quero fazer um bom livro. Não sei se sou capaz, mas é essa a proposta.

III. Começo retomando um episódio de doze anos passados. Eu havia iniciado a carreira acadêmica, a vaga no mestrado, toda aquela história que eu contei de um modo já novelesco demais. Agora sim importa dizer que, ao menos no Brasil, ser selecionado para o mestrado na universidade pública é algo mais difícil do que deveria ser, então isso me dava um *status* diferenciado entre os advogados do meio. Por timidez mesmo, eu, naqueles primeiros meses, nunca contava a um colega de profissão que dispunha da vaga, que já era um "pós-graduando", expressão pretensiosa de nosso idioma. *Status, status*, me envergonhava muito de falar, como até hoje – mas hoje sei que essa vergonha é pura vaidade. Fui ao café na frente do fórum e encontrei um amigo que tem muitas qualidades, mas a modéstia não é uma delas. Ótimo, para um advogado que tem de sobreviver nessa selva. Ele tinha algo para me contar, ele também entrara no mestrado da universidade privada, mas isso já fazia alguns meses. Então aquele meu colega de labuta forense tinha mesmo um episódio a mais a relatar, Briguei com meu orientador, afirmou, e questionado pelo motivo (eu queria ouvir, claro), aumentou o volume da voz, estridente, Ele veio com um monte de livros para eu ler de uma semana para outra, eu disse que tinha um escritório para tocar adiante, que não era possível, E aí?, Aí eu perguntei pro meu orientador se tinha lido tal e tal livro, de tal e tal autor, ele disse que não, então veja você: se meu próprio orientador não leu os livros que eu li, por que eu tenho de ler aqueles que ele me determina? E minha liberdade? E por que ele sabe mais do que eu? E minha vida toda de autodidata, que eu construí?

O diálogo está um tanto transformado, mas a história de fundo é real, meu amigo largou o estudo porque obrigaram-no a ler (muito?), como um menino de dez anos a abandonar a escola para sempre, porém com a agravante

A tese retórica

de convencer-se o advogado pela inutilidade do conhecimento, de que talvez não compartilhe a criança preguiçosa. E eu uso o exemplo para aqui recompor esse arquétipo. De alguém que, se pudesse (no sentido de que fosse autorizado pela metodologia) escrever uma tese no estilo de ensaio – com relato de experiências subjetivas e alijamento da constante citação da doutrina de sua área para demonstrar que seguiu um percurso já muito trilhado –, economizaria trabalho e escolheria belas palavras para um texto não refletido, surgido de pouco estudo. Provavelmente faria uma narrativa de suas experiências no escritório, acompanhada de duas ou três citações que soassem muito eruditas, e a apresentaria como tese sem perceber que estava carregada de preconceito e metralhada por desinformação. Sua retórica, agora colocada no mau sentido, facilmente daria conta de, em uma defesa oral diante de uma banca examinadora, justificar sua fuga à leitura. Sem grilhões formais, faltaria a seu escrito um mínimo de qualidade, assim genericamente dito.

Nesse sentido, tenho de refrear a empolgação com a utilidade científica da tese-ensaio para imaginar que a Universidade, como sistema, desenvolveu há longo tempo *defesas* contra as pesquisas sem qualidade. Devo aceitar que existe esse sistema e que ele é prudente. Um sistema que – sob o ponto de vista da escrita, lamentavelmente – obriga a que o candidato tenha de fazer constante prova de erudição, o que nem sempre é produzir ciência. Não é produzir ciência, mas em uma análise conjuntural dá a ela credibilidade, e a credibilidade é científica.

O sistema universitário é inteligente...

IV. A vida acadêmica proporciona sim a positiva surpresa de notar como a estrutura universitária é inteligente. Conhecer universidades pelo mundo significa verificar que, falando-se das boas instituições de cada país, existe uma organização quase homogênea, que tem seus próprios princípios e em regra funciona muito bem. Muitos vícios, muitos mesmo – e não escaparei de tratar aqui de alguns deles, no que for pertinente. Mas reconheça-se que, em termos institucionais, é algo meticulosamente pensado. Um sistema de intercâmbio ininterrupto, institucionalizado e diversificado desde muitos séculos antes de nossa globalização pós-moderna faz com que as boas propostas acadêmicas sejam mundialmente acolhidas, alastradas e estandardizadas. Ao fim e ao cabo, a boa universidade cria uma burocracia, no melhor dos sentidos, que quando bem instaurada pode não apenas solucionar de maneira razoável seus próprios problemas, como também criar um mecanismo constante de busca de inovação institucional. Seu protocolo de decisões quase sempre colegiadas, quando não fraudado, dá exemplo de decisão democrática. Isso há que se reconhecer.

Porém o núcleo deste ensaio não é a Universidade, senão a escrita da tese como ciência, então sou obrigado a fazer a distinção: universidade não é sinônimo de construção científica, o que nos conduz a uma hipótese que assim enuncio: a produção para a Academia coincidiria com a produção científica? Um tanto retórica a pergunta, se a premissa em grande parte lhe desvenda. A coincidência não existe em todos os pontos.

... mas ciência e universidade não são o mesmo

A desconexão entre ciência e Universidade é visível a muitos que trabalham as ciências da natureza, porque sua pesquisa frequentemente independe da Academia: empresas, institutos de fomento privados, competição por patentes tecnológicas alimentam e arejam seu cotidiano científico. De contrário, aos acadêmicos do Direito, da Filosofia, História ou Psicologia, acredito, a metodologia científica preconizada confunde-se muito com os requisitos em regra para a aprovação da tese em concurso de doutoramento, e faço essa observação a partir também da leitura de variados manuais que se propõem a descrever ciência.

Para nossos objetivos, encontro uma assertiva imediata e outra mediata. Imediatamente, há que se reconhecer que a boa tese doutoral – por consequência do sistema intrínseco à Universidade – acaba por aglomerar dois elementos distintos: um de aferição de conhecimento, outro de proposição científica. Daí que, se aqui me proponho a ofertar a possibilidade de o ensaio ser utilizado como tese universitária – como tese doutoral ou pós-doutoral –, devo reconhecer que de fato essa forma subjetivada e pouco referenciada que proponho não sirva ao sistema de mensuração de estudo/erudição, imprescindível à padronização característica de quem se candidata à obtenção de um título universitário. Um título que lhe vale uma série de prerrogativas em nível mundial, às vezes mais poderosa que um bom passaporte diplomático. Mediatamente, deixaria no ar a questão de até que ponto esse sistema de mensuração de conhecimento pode ditar as regras da produção científica.

§ 7º

Ciência ou prova de erudição?

Acabo criando um nó difícil de desatar, porque realmente acho que o ensaio não pode competir com uma tese doutoral carregada de informações, citações e menor condução individual, caso tenha como um dos seus objetivos, mesmo que em plano secundário, a aferição de leitura. A hipótese de exibir provas e rascunhos de um bom ensaio-tese para demonstrar que houve leitura e muito planejamento para se chegar a algo concentrado, ritmado e, principalmente, intencional em conteúdo e forma seria um tanto ridícula. Ainda que isso possa vir a ser possível por meio de relatórios ou demonstrações outras, feitas durante os longos anos da escrita do ensaio, mesmo assim seria difícil que viessem a integrar o texto final. E, se viessem, perderiam sentido na tese, quando o *making of* obscurecesse o produto final.

Poderia, em outro momento, perguntar se são efetivas as demais matrizes de avaliação de conhecimento e erudição que se apresentam nos concursos universitários para a obtenção de títulos. Porque, caso elas funcionassem mesmo, a tese se despiria dessa obrigatoriedade de revelar quantidade de textos lidos, como se fora uma enciclopédia de um único autor, e se concentraria na sua coerência interna, ou nas suas consequências para o conhecimento humano como um todo. Disso derivaria a separação necessária entre *candidato* e *pesquisador*: este que faz ciência, aquele que cumpre requisitos legítimos para aprovação, de que a tese é apenas parte. Mas agora prefiro caminho diverso, o de refletir (nesta metalinguagem já posso enunciar diferentemente, como "de conduzir o leitor a refletir") se mesmo esse sistema de tese como medição de conhecimento tem eficácia, e se é legítimo para enunciar ciência.

Se não for eficaz ou legítimo, novamente terei de enaltecer a qualidade principal do ensaio-tese: a sinceridade com seu percurso e limitações. São sete pontos os que abordarei, supostamente. Digo supostamente porque eles estavam numerados, mas a fragmentação acabou por evitar algo que achei relevante: que um motivo se interpenetrasse no outro, porque em alguns momentos pareciam conjugados, outras vezes autônomos ainda que derivados. Então alijei os motivos todos nos parágrafos 8º. a 11.

§ 8º.

I. Pode ser um pouco de recalque, mas é um ponto importante: a tese rígida se recheia de citações de um modo não honesto, o que já insinuei. Falo em recalque pois uma das grandes críticas que se faz à ensaística, para que não se a aceite como método científico, é que ela representa um passeio do autor por sua própria biblioteca, e não uma busca pelo conhecimento, uma viagem para além de suas fronteiras. Seria ideal que a tese rígida constituísse a narrativa de uma pesquisa solvente, mas não é assim.

A desonestidade das citações

Não raro se encontram estudantes/pesquisadores na fase final de sua redação, caçando na biblioteca textos que fermentarão notas de rodapé. Não apenas serão esses textos-enfeite lidos no original apenas parcialmente (o bastante para a citação), o que em si mesmo já é uma fraude, como também serão estéreis à pesquisa, porque naquela fase final não alterarão a opinião do autor, então jamais compuseram seu pensamento. Se não compuseram seu pensamento, em uma tese-ensaio não teriam lugar; mas em uma tese rígida nada há que impeça essa citação, pois há uma cobrança institucionalizada (o que não significa dizer *oficializada*) por número de referências para a certificação da qualidade da tese nos padrões ortodoxos. O que eticamente soa uma fraude, se de outro lado é válido dentro do sistema – perdoem se aqui se revela minha formação jurídica –, pode ser utilizado de modo impunível.

Mas esse padrão de ultrarreferenciação é deletério, sob o ponto de vista do ensaio-tese, se admitimos ser direito do leitor conhecer o verdadeiro caminho que seguiu o pensamento do autor da tese: só esse trajeto revela a coerência da possível conclusão. Sob o ponto de vista do ensaio-tese, a ausência da citação de uma referência específica sobre seu tema jamais se revelará como falha objetiva; ao contrário, a citação falsa de uma obra – falsa no sentido de que não fez parte de seu processo de composição – vedará o caminho para uma reconstrução da ideia, de uma nova interpretação do leitor a partir daquele texto não citado, quando não raro realçará (aí sim) uma fissura lógica no percurso, vez que a leitura de um livro teria, repito, de implicar uma mudança de caminho, caso contrário sua entrada no texto é em vão, como, repito outra vez, um personagem que comparece ao palco sem nenhuma função no enredo. A citação que não transforma o ensaio deve ser eliminada impiedosamente.

A ilusão de completitude E mesmo a pretensão de englobar toda a bibliografia essencial sobre um tema é ilusória. Em outras palavras, aqueles que acreditam que fazem uma tese capaz de abarcar a totalidade do que é relevante para um tema estão iludidos. Cair nesse logro (e muitos caem) de que é possível fazer de um livro a Arca de Noé revela, creio, minimamente uma falta de consciência do autor diante de suas próprias limitações, o que para um cientista é fatal. Nisso os cientistas humanos, os pesquisadores de biblioteca, têm muito o que aprender com os pesquisadores empíricos: na metodologia empírica, requisito essencial é a definição *prévia* do público-alvo, objetivos e expressas limitações da pesquisa. A folha de rosto de uma pesquisa empírica com seres humanos, por exemplo, tem de trazer obrigatoriamente o número de futuros pesquisados, o modo como serão recrutados e abordados e – não raro, até para que a pesquisa seja autorizada – a previsão de recursos financeiros que se disponibilizarão. Antes mesmo de seu início, é compulsório que o pesquisador empírico assuma sua própria contingência, sua finitude. Melhor dito, assuma as fronteiras estreitas de sua pesquisa, que não significa limitações pessoais, não são uma medida do intelecto do pesquisador. Na tese rígida de ciências humanas, com o perdão da generalização, o autor assume uma posição de onisciência/presença, como se se propusesse a consultar todas as bibliotecas do mundo, ler todos os livros, compreender todos os idiomas e investigar todas as culturas. Irreal e acientífico. A tese rígida e o ensaio-tese são da mesma forma um trabalho com o racionamento material, temporal e intelectual: com os livros a que se tem acesso, que se podem ler em determinado tempo, em signos que o leitor seja capaz de compreender, com sentido intertextual que seja possível alcançar; a diferença é que o ensaio reconhece esses limites.

II. Minha formação jurídica, acabo de dizê-lo, impede-me de censurar quem trabalha com tais patamares de valoração do conhecimento pelo número de referências, porque são as regras do jogo. Se eu tivesse hoje de compor uma tese para o sistema universitário (eu sempre tenho de compor uma tese para a Universidade), não economizaria nas citações e somente não iria ao extremo das regras ortodoxas de incremento de número de referências porque devo de algum modo honrar estas linhas que escrevo. Parcialmente. O candidato deve obedecer às normas que o avaliam, daí outro problema que aqui merece reflexão: os critérios.

No sistema universitário, a burocracia – em sentido neutro – criou a necessidade de medir a qualidade do cientista. Imprescindível mesmo para os processos de seleção de pesquisadores para as entidades, em especial quando envolvem cargos públicos ou financiamentos de qualquer natureza. A grande maioria dos acadêmicos têm a noção de que esses critérios de qualidade são imperfeitos. Aliás, como qualquer conjunto de critérios, se mantido por longo tempo inverte a polaridade da relação: o cientista serve aos critérios e não o contrário; de outro lado, se alterados os critérios com frequência surge o risco da insegurança e da corrupção – as regras individualmente direcionadas. Fatalmente não tenho nenhuma ideia de como resolver esse problema concreto de aferição do melhor cientista, objeto, como já disse, de preocupação de acadêmicos de todas as áreas.

Mas o fato de a comunidade se conscientizar dessa imperfeição congênita não faz mais fácil nossa situação, em relação à tese.

Novamente, a quantidade. É o número de citações que sua obra obtém em livros, teses e revistas científicas que mensura a relevância científica do pesquisador. Verdade que exista também um sistema de qualificação entre as diversas revistas técnicas (também sujeita a malabarismos políticos em sua aferição), é o número de referências que qualifica o homem. Os buscadores de internet já estão até aparelhados a fazer essa contagem, basta inscrever o nome do pesquisador no quadro em branco e ele se encarrega de vasculhar toda a rede virtual; automaticamente, o programa já apresenta resultados numéricos de citações diretas e indiretas que estejam na *web*. Daí a busca do cientista por obter o maior número de referências possível nas teses alheias, daí a contrapartida do candidato ao citar obras de seus possíveis examinadores, e mestres, e amigos, tenham ou não relação direta com o tema tratado na tese rígida; daí alguns cientistas escreverem livros genéricos, sobre temas abertíssimos, introdutórios, que pouco servem para a ciência mas que se alastram porque são referenciados em qualquer trabalho científico, numa reciprocidade fisiológica: aquele que cita ganha facilmente um modo de enxertar algo em sua tese rígida, o citado ganha facilmente um ponto a mais em seu *ranking* de avaliação meramente estatístico.

O ensaio-tese aparece desencaixado dessa sistemática, na medida não só em que refuta grande número de citações, que poluem o texto, mas também porque, ao buscar seu próprio caminho, em geral trilhará leituras alternativas, que não comporão o *up-to-date* da bibliografia obrigatória (o que, acho eu, não importa em estar desatualizado). Ao não alimentar essa roda viva, o ensaio-tese perde utilidade na Academia, não acumula pontos aos olhos das instituições de fomento nem serve à burocracia (desta vez no pior dos sentidos) da papelada universitária. Isso porém nada tem que ver, estritamente, com ciência.

§ 9º

Também é preciso reconhecer que a escrita da tese atende, quando dentro da universidade, a um sistema de mercado que importa quase que uma relação de consumo necessário. Essa relação tem efeitos na escrita, mas cabe identificar até que ponto, novamente, se trata de universidade ou de ciência.

Alimentando o mercado das teses

Algo como um grande acordo tácito de obsolescência programada subsiste no meio universitário. Como ocorre com as empresas de tecnologia, que jamais lançam ao público seu último invento, o ápice das descobertas, para que o mercado as absorva aos poucos, produto por produto. Um a um. Talvez em algum ponto inconsciente saibamos os acadêmicos da necessidade de alimentar nossos fornos com matéria-prima, para que a indústria do conhecimento não pare; ao fim, é o que garante nossa subsistência: as novas teses precisam de assunto, as teses antigas. Se o jornalista desportivo tem nos jogos de futebol de quarta e domingo seguramente material novo para seus comentários, um cientista humano tem de garantir-se contra o esgotamento de seu material de trabalho, se ele é a referência bibliográfica. Melhor dito, em vez de esgotamento, desgaste, para dar ideia mais precisa de *repetição*. Os temas humanos não se esgotam, a sociedade vive em transformação constante, mas esta não é tão rápida quanto o número de análises que se fazem da realidade, principalmente quando essas análises são cada uma delas pretensamente completivas de forma declarada e veladamente não criativas. Então não é incomum que de tempos em tempos uma teoria mais provocativa seja lançada ao meio acadêmico, com o propósito de servir como antimatéria, centro convergente das discussões: mais do que um conhecimento plausível, uma hipótese alvo das duras críticas, nascida para ser acusada de retrógrada, conservadora, totalitária, porém (isso não se diz) imprescindível para manutenção de um assunto, para gerar discussão, como um pênalti mal marcado será pauta para debate no programa esportivo da noite de domingo. E que seria dos comentaristas de futebol se os árbitros não errassem?

Buracos negros da ciência humana

Mais uma vez, não vejo em si mesmo nada de condenável nesse processo. Mas a consequência direta dele é que tais assuntos criados em total aparte da realidade sejam discutidos dentro dos muros da academia como elemento de grande relevância social, quando a sociedade deles nem sequer toma conhecimento. E a obrigatoriedade de que toda e cada tese, em seu afã de trilhar a íntegra da bibliografia do momento, passe por tal modismo e pelos comentários que se fazem a ele, nessa progressão geométrica, cria alguns buracos negros para onde convergem as energias de raciocínio (e o tempo, e as finanças) de pesquisadores que poderiam trilhar trajetórias mais originais. Menos repetidas. Nisso, creio, reside o problema sistêmico.

Em médio prazo, o modismo se desgasta por si próprio até que alguém – com uma simulada indignação que faz parte do mesmo processo – encoraja-se não a criticá-lo como teoria mas a gritar a nudez do rei e desmascarar a dita teoria como uma longa ficção apartada da realidade, cuja consequência prática ao objeto da ciência não ultrapassou algo como a figura de um *sparring* que formou a muitos novatos. Até que venha outra moda, sobre a qual nosso raciocínio se exercita – o que é muito bom – e que funcionará em nossa tese rígida como marco indefectível de atualização. O que já não é tão bom assim: a obrigatoriedade de passar pela moda certamente intimida nossos cientistas de grandes criações, úteis. Isso tampouco é ciência.

§ 10º

I. Quem se propõe a edificar uma pesquisa essencialmente bibliográfica tem de ser, antes, um leitor criterioso. Poderia dizer um leitor apaixonado e criterioso, mas melhor dispensar o primeiro adjetivo. Um leitor criterioso sabe que jamais pode começar a ler uma obra pelo quinto capítulo, a não ser que se trate de algo escrito especialmente para consulta rápida. Uma tese não se apresenta assim. Então quem separa apenas um capítulo de uma tese para leitura não sabe que o bom texto é impenetrável, senão pelo pórtico de entrada. A tese-ensaio repelirá leitura aleatória porque seu escrito parecerá sempre incompleto, pois qualquer parte depende das considerações anteriores – sem dizer muito, da explanação dos limites do tema e da pesquisa, que pode estar na introdução. Mas o mesmo leitor criterioso pode ler de uma tese rígida apenas um fragmento como mecanismo de autodefesa, de proteção de seu próprio tempo e concentração. Está ciente de que, caso inicie a leitura de uma tese rígida desde a primeira linha, pode não tardar em abandoná-la. Um leitor criterioso aborta a leitura daquilo que não lhe interessa sem culpar-se, pois a todo tempo lhe repassa no cérebro a lembrança de que morrerá antes de ler 10% do que gostaria, por isso jamais lhe é tarde para migrar a um livro mais interessante. Um leitor criterioso exige respeito por sua disponibilidade, por seu déficit de atenção, daí não ter grande paciência para um enorme jogo de *onde está Wally*, em busca de uma ideia nova, que pode ser genial, interessante, mas que se diluiu em provas de erudição que a ele, leitor, nada acrescentam.

Realismo também ilusório   O excesso de citações possibilita construir-se um longo escrito, com alguma coerência e criatividade, porém distante da realidade e de um pensamento original que, ao menos por hipótese, poderia interessar à ciência. Se consigo bem me expressar, surge um efeito reverso na própria tentativa de estandardização da tese rígida: ela pode servir de disfarce a uma grande ficção, muito mais desprovida de conexão com a realidade que um ensaio livre e subjetivado. O risco social de as ficções serem encaradas como observação fiel da realidade não precisa sequer ser destacado. No direito penal, minha área de atuação, muitos encarcerados padecem cotidianamente por conta dos delírios surreais de alguns teóricos, seguros em suas referências bibliográficas quase infinitas.

II. Acompanhei duas experiências com amigos que me motivaram a reflexões acerca do problema. Com regularidade observei dois colegas que viviam situação reciprocamente análoga, embora em níveis diversos: estavam próximos do prazo final para entregar sua tese científica na Universidade. Tinham de produzir um texto a qualquer custo e – sem que eu deprecie a qualidade de seu esforço mental a cada dia diante do computador e dos livros amontoados para citação – sua situação de desespero por alcançar número de páginas era digna de uma novela. Que já havia sido escrita.

Nessa pausa de meses em que este ensaio repousou na gaveta, li pela primeira vez uma edição confiável de *As Mil e uma Noites*. [Melhor, estou ainda terminando de ler, porque o livro é longo e não me envergonho de declarar a indisponibilidade de tempo para leitura integral – já que isso é parte deste ensaio.] Garante a edição que traduz diretamente do árabe o manuscrito completo mais antigo existente. Explica também que o manuscrito tem uma dupla procedência mais antiga, uma de origem egípcia e outra síria, ambos que, por serem coincidentes, surgem de uma linhagem comum. Algum outro manuscrito medieval, que se encontra por aí desaparecido, é a misteriosa gênese de tudo. O livro é fascinante mesmo, com algumas histórias ao estilo medieval que, embora não assumam todos os estudiosos, são moralizantes. Mas por que eu o digo? Porque identifiquei nos meus amigos escritores de tese o drama de Sherazade (que eu descobri que se ofereceu espontaneamente para passar a noite com o rei, e que foi possuída na presença de sua irmã), automotivada a contar novas histórias, ou novos capítulos das histórias anteriores, noite a noite. Tirando da própria imaginação relatos para manter-se viva, Pois, se na próxima noite ainda sigo com vida e Sua Majestade me permite, contarei o resto da história, que é ainda mais surpreendente, Não a matarei até ouvir o desenlace dessa história, assente o rei.

O que vivem meus tais amigos é a metáfora de Sherazade. Por conta de uma situação equivalente, veem-se obrigados a produzir, para não serem aniquilados pelo entorno. Não significa que não leram ou não estudaram,

A Síndrome de Sherazade

mas de qualquer modo se sentem forçados a uma gestação diária que, em busca de resultados-produção, certamente afastar-se-á da pesquisa. Não nego a existência de uma razão muito compreensível, aos olhos do sistema universitário, ao se compelir alguém a fabricar uma nova tese – a *obra-prima* das corporações de ofício – para alcançar o título pretendido, mas o efeito pode ser perigoso: ficcionam-se leituras, ficcionam-se pensamentos e, principalmente, ficcionam-se conclusões que, ainda que tidas como opinião, impõem-se como ciência.

Trata-se de uma imperfeição do sistema, novamente irrenunciável: ele necessita fazer produzir para viver e, além disso, é obrigado a diferenciar entre cientistas dedicados e cientistas inativos – que a rigor não podem ser chamados cientistas, mas são muitos e oneram a Universidade. Mas, se nas ciências naturais o açodamento implica a inconclusão da pesquisa, nas ciências humanas a pressa leva a tal conclusão ficcional, em claro sinal de que algo está errado na doutrina do *publish or perish*. Sherazade deveria limitar-se a contar histórias de gênios, mercadores e mulheres adúlteras. No fundo, histórias de amor, morte e sexo nunca são de todo ficção.

§ 11

Subserviência ao método das ciências exatas

Redigira mais linhas sobre o sistema universitário. Refleti, por exemplo, se seria prestadia a divisão que só existe em teoria nos concursos acadêmicos, entre a tese, aula didática e memoriais (que encontram seu correspondente em todo o mundo), a delegar a avaliação da erudição e o conhecimento geral para algo que está apartado da tese. Então esta poderia ser um ensaio; mas, se essa avaliação funcionasse mesmo, as teses teriam há muito tempo o feitio de ensaio, acho. Não consigo sequer direcionar-me a uma solução, daí é melhor apartar-me. Escrevera também que os cientistas humanos não se impõem no meio universitário e acabam por permitir que suas teses – raciocínio claramente filosófico – sejam avaliadas pelo método de completitude das ciências naturais-empíricas, como se cada livro consultado fosse apenas um dado, um sujeito de pesquisa de campo, do qual se sorvem algumas informações, relevantes mais na quantidade, para depois se fazer uma estatística conclusiva, com uma comparação de desvio-padrão de ideias retiradas de contexto e, daí, falsamente redutíveis a gráficos. Creio que até pode ser verdade que uma nação deva ter mais engenheiros que juristas, mas isso não implica que os humanistas possam deixar de, na Universidade, impor a especificidade de seus métodos e critérios. E de suas reservas orçamentárias.

Redigi também, como corolário do sistema de obsolescência programada, a verdadeira obsessão por citações de autores, que entram e saem de moda como nos desfiles das coleções dos grandes estilistas. E no reverso da medalha, muito mais gravoso: escritores que são injustamente condenados pelos invisíveis tribunais da Inquisição científica contemporânea, por força de boatos. E sem nenhum direito à defesa; cientistas que são considerados menos capazes ou contrários ao regime intelectual – que não se reconhece totalitário, porque nenhum regime se reconhece totalitário. Pensei em dizer que sobrevive um *índex* velado de autores que não podem ser citados, como na Inquisição medieval, com o gravame de que a censura eclesiástica, por surreal que fora, definia algum critério. Os autores condenados pela moda-inversa acadêmica o são sem razão, por uma consideração infundada, e então me lembrei da cruz de giz (*das Kreidekreuz*) que descreve Brecht: um militar nazista que se infiltra entre operários para desenhar com giz uma cruz nas costas daqueles que, por seu arbítrio, considerava subversivos. Sem que estes percebessem, recebiam a cruz que os expurgaria do Reich. Mas acreditei que seria exagerado, que melhor seria apenas afirmar que alguns autores que fazem teses ruins

A cruz de giz

podem melhorar com o tempo, podem estudar e fazer algo produtivo para merecer que lhe limpem a cruz das costas, ou podem dentro de uma obra aparentemente ruim trazer algum trecho criterioso, inteligente e daí aproveitável, se é verdade, como diz aquela canção dos Racionais, que até no lixão nasce flor. Mas ficou tudo muito desordenado.

Um falso título de nobreza

De outras páginas que estão aqui impressas faço uma nova leitura e outra vez encontro tantas imperfeições que não me encorajo a torná-las públicas. Em resumo, elas criticam o sistema de títulos universitários que se tornam quase uma hierarquia nobiliária. A busca pela nobreza como distinção social, digo eu, corrompe a escala universitária ao ponto de transformar o que deveria ser um templo do conhecimento em bordel dos piores interesses políticos. Até elogiei em algumas linhas uma iniciativa interessante como a do escritor Javier Marías, que, a partir do resgate da história do Reino de Redonda, criou uma premiação que concede um título de nobreza a seu ganhador. Sátira genial a princípio, mas acredito que jamais um intelectual deixaria de sentir-se realizado por um ducado do Reino fictício. Quer dizer, fictício o reino mas – aí está o ponto – não o título de nobreza, porque é certo que, como premiação, os nobres de Redonda dele usufruem no mundo real. Voltando à Academia, acabo, então, por estar confuso acerca desse valor, porque eu mesmo me sinto muito motivado a produzir por conta dos títulos universitários que possa vir a alcançar (de algum modo, acho que o atleta não é menos atleta porque se orgulha de suas medalhas, Muttley).

Mas tenho eu que saber dizer que todas essas são outras histórias, para outra ocasião. De contrário o que nasceu para ser mera circunstância se erige a tópico principal, e a crítica ao meio universitário não é aqui meu tema. Semificções de James Hynes demonstram que não sou tampouco o primeiro a refletir esses desvios.

§ 12

O texto escrito tem limitações. O espectador de uma sessão de teatro, um filme no cinema ou o jurado diante do advogado podem ser surpreendidos por um desfecho impactante, porque vindo sem aviso, quando se esperava que a trama seguisse por mais algumas cenas. Neste texto eu teria pouco êxito se tentasse fazer uma conclusão repentina, com o efeito de deixar a mente do leitor em um curioso processo de inércia mesclado a uma reativação da memória, em busca de sentido para o que lera. Ao manusear o livro, o leitor sabe quando acabará, sente que as folhas à direita ficam mais flexíveis porque já não formam feixe, e creio que uma versão eletrônica não mudaria substancialmente. Este ensaio se aproxima do fim.

I. Para ilustração – ou por falta de capacidade de enunciar abstratamente o desfecho – narro duas histórias tristes. Tristes porque envolvem perdas, mas guardam sim um pequeno mistério. Com ensinamentos que vieram de lados muito diversos da sociedade, dois protagonistas, bem peculiares, com os quais eu tive oportunidade de travar um diálogo tão interessante, que, acho, não travaria com meu melhor amigo. E falando de melhor amigo, a primeira história envolve um cachorro. *Dois relatos finais*

Meu primeiro protagonista me explicou que, para que o roubo fosse perfeito, era necessário um cachorro. Melhor, um *cãozinho*, dócil, de focinho gelado e que lambesse os beiços. Podia ser vira-lata, mas não muito. Por isso, o escolhido foi o Feijão, o mascote apresentável da dona Maria, animal conhecido na favela por não desconfiar da maldade dos homens. Pobre! Quero dizer, a principal característica do cão seria a passividade de aceitar um passeio de coleira com quem nunca fora seu dono.

No assalto, ninguém suspeita de quem passeia com o cachorrinho, menos ainda com o Feijão. Era uma casa lotérica ou um posto de gasolina, não lembro, e tudo deu quase certo: meu primeiro protagonista entrou na lotérica-posto-de-gasolina, deu voz de assalto, e seu comparsa Marquinhos, com Feijão, quase é dispensado de sacar a arma e ameaçar um gordinho que fez menção de reagir; não fosse isso passaria como um transeunte amante dos animais. O resultado é que Feijão foi obrigado a entrar no carro que os esperava na porta e fugir também. Penso com alguma maldade que, nessas horas, Feijão teve a sorte de ter quatro patas, caso contrário cumpriria pena por roubo, porque "elemento subjetivo de delito", "culpabilidade" e outros nomes são teorias que, por aquelas paragens, não saem dos livros. Mas isso é outro tema. O fato é que, reunidos os quatro (três homens e um cão) para dividir o produto do roubo, não tardou mais do que trinta segundos para que Marquinhos matasse o canino Feijão com um tiro, No pescoço, covardia!, Correr o risco de um cachorro nos caguetar? Esse cão é mais famoso que o Pelé, Deus me livre, e ainda me enche nossa roupa de pelo, E só agora você pensa nisso, maluco, o que eu vou dizer pra Dona Maria?, Dá um troco pra ela que está tudo certo, Vou dar troco é em tu, aguarde, e deve ter sido esse o diálogo porque, fato verdadeiro, na ira de ver o cachorro sangrando, meu primeiro protagonista só esperou terminar a divisão do butim para pular em cima de Marquinhos e fazer também seu pescoço sangrar, até a morte, mas usando uma faca enferrujada que estava perdida ali naquelas sendas meio desertas. Meu primeiro protagonista – depois diria textualmente – olhava o cachorro morrendo, pelo pintado de vermelho, porém fiel à humanidade, Quem seria inerte diante de tamanha injustiça? O mundo dos homens algumas vezes nos exige reações imediatas, e nesse momento a omissão é equivalente à ação, isso ele só diria se melhor selecionasse as palavras. Não era vingança, era justiça, é que às vezes as duas ficam tão pertinho, tão parecidas.

Meu primeiro protagonista existiu e conviveu comigo durante largo tempo, apresentando-se em meu escritório como "ex-ladrão" (já um senhor de meia idade) e aproveitando para rememorar o passado diante de mim, seu defensor obrigado ao segredo. E a história do assassinato de Marquinhos, que ocorreu de fato lá pela década de 1980, foi inscrita no primeiro capítulo do meu livro de ficção. Publicado o livro, passaram-se dois pares de anos.

Quatro anos e meu primeiro protagonista veio procurar-me no escritório. Magro, com uma jaqueta *jeans* e camisa polo, barbeado até quase arrancar a pele. Disse que estivera uns dias doente mas agora estava tudo bem, fora algo passageiro, uns dias no hospital e os medicamentos tomados. Sua voz estava fraca, mas, claro, mera questão de tempo e de alimentação para tudo voltar ao normal absoluto. Trazia exemplar de meu livro entre as mãos e disse que estava a lê-lo (só agora?), quase terminando. Mentira, embora ele soubesse que o conteúdo daquele texto muito lhe devia. "Quando eu estiver melhor, volto aqui para contar outras *passagens*, daí o doutor faz outro livro, né?" À porta do escritório, deu-me um forte abraço, pela primeira vez. Prometia voltar muito em breve.

Quando recebi por telefone, cinco dias depois, a notícia de sua morte no leito do hospital em que dera entrada às pressas, notei que aquela visita fora uma deliberada e consciente despedida. Ele apenas viera a meu escritório dizer adeus, foi o que insinuou, com voz embargada, o adolescente que me telefonara para dar o informe fúnebre. E não vou contar que esse jovem me relatara que, naquelas últimas noites antes de vir me visitar, o doente pedia para que lhe lessem o meu livro e sorria ao ouvir algumas "passagens". Não vou contar, porque parecerá inverossímil.

A Justiça não coube em minha tese

Pretendia aqui apenas alcançar a descrição desse estranho sentimento de orgulho por haver sido um dos poucos escolhidos pelo ex-bandido para suas últimas visitas. Com uma lógica bem desvirtuada, temo assumir que em meu primeiro protagonista [nome oculto ou alterado, como todos os demais aqui, à exceção do Feijão, que não deve nada a ninguém] reconheci um sujeito justo, e acho que isso foi o que minha ficção já antes quisera argumentar. Talvez com esse fim tenha eu escrito o livro: através da remontagem do contexto, compreender por que eu intuía no bandido um senso de justiça distorcido porém atraente. Esse senso de justiça deveria fazer parte da minha ciência, mas não cabe em qualquer tese.

Com o segundo protagonista só tive dois encontros. O primeiro, no dia em que defendi minha tese de doutorado no Largo São Francisco. Ele viera ser meu examinador e eu feliz por tê-lo visto assim de perto pela primeira vez. Foi excessivamente sereno ao me arguir; criticou pouco minha tese, em face do tanto que havia para criticar. Falhas e falhas. Mas falava devagar e só depois que eu já carregava meu título de doutor em direito soube que ele estava muito doente, Deverias ter muito mais orgulho por tua banca contar com um ex-Ministro que se deslocara de Brasília nesse estado, só pra te arguir, alguém me disse. Mas eu estava orgulhoso independentemente disso.

Fui trabalhar na Suprema Corte e numa tarde vi o semblante de meu segundo personagem pela tela em que se reproduziam as imagens da Tribuna; ele viera discursar, como advogado, em defesa de uma importante quadrilha de narcotraficantes. Sob a beca negra, continuava falando devagar e parecia distante da convicção do caso concreto, embora seu discurso fosse tecnicamente perfeito. Não sei bem explicar o motivo, mas me deu uma vontade quase incontrolável de conversar imediatamente com ele, porém tive de resistir, Não hoje!, era para mim tão fácil averiguar o endereço onde estaria estabelecido seu escritório de advocacia.

Coincidentemente, minha tese doutoral, que ele arguira, tinha sido recentemente publicada por uma boa editora, então eu tinha um pretexto para visitar meu segundo personagem: dar-lhe o livro autografado. Grande coisa. Chamei a sua secretária e marquei uma visita a seu escritório.

Em sua sala o ex-Ministro me aguardava trajando um paletó xadrez e uma gravata que se via recém-arrumada. Ou seja, ele não vestia gravata antes de eu entrar, ele a pusera para me receber, que honra. A secretária me advertiu, Talvez ele não se lembre de você, sabe..., Sei, respondi, sei. Notava-se que estava confuso e mais uma vez fiquei lisonjeado que me recebesse, eu apenas relatei que houvera sido arguido por ele; entreguei-lhe meu livro, ele disse algo que dava conta de um esforço para ser agradável, uma frase genérica porque aparentemente meu segundo personagem não se recordava de absolutamente nada acerca de mim ou de meu trabalho. Levantou-se com custo e mostrou-me uma peça de seu escritório antiquíssima, Aí que os monges copiavam livros, de pé, eu sorri e vi que ele não estava para conversas científicas, tanto melhor. Menti que havia admirado a fala dele no Plenário do Tribunal, como advogado. Eu elogiei, O senhor estava muito convicto, e era uma provocação porque na verdade a tese jurídica que ele defendera era inaceitável e ele sabia disso, a experiência. E aí o ponto a que eu queria chegar: falhando-lhe a memória mas não a intuição, ele compreendeu minha provocação e retrucou, Depois de tantos anos como juiz e ministro (pausou e recomeçou), depois de tanto anos como juiz e ministro, eu continuo simulando certezas.

Sei hoje que somente a inconsciência parcial que a doença lhe causava é que abriu a possibilidade de que ele falasse algo assim a um praticamente desconhecido, os juristas são tão fechados. "Eu continuo simulando certezas" era a chave que eu necessitava, e o fato de ela surgir assim como um canto de cisne não me incomoda muito porque as coisas são como são, a assertiva não viria de

Se é mesmo necessário simular a convicção

outra forma. Despedi-me do meu segundo personagem, convicto de que viera ali receber aquela lição, e novamente ganhei o abraço pela primeira vez, mas agora era uma despedida consciente. Virtude dos sábios, reconhecerem seus últimos dias.

II. Simular certezas tem de ser tarefa do juiz. É seu dever apresentar-se convicto quando na verdade não o está. Obrigação do comandante em geral, do militar, do sacerdote, do Presidente, do pai do *A vida é bela* e do filho do *Adeus, Lênin*, do professor de sala de aula. Mas sinceramente não vejo que seja essa a tarefa do cientista. De todas as dificuldades que a profissão lhe impõe, talvez uma prerrogativa tente recompensar: a liberdade de não ter de dissimular, ocultar suas falhas de conteúdo. Somente com um fingimento que creio muito acientífico, eu poderia pronunciar-me sobre uma relação concreta do Direito em toda a humanidade ignorando as regras jurídicas da China, que governam mais de um bilhão de habitantes; nem mesmo aqui me sinto autorizado a trazer alguma afirmação conclusiva acerca da literatura, sem conhecer mais que duas palavras no idioma original de Tchekhov, Pasternak e Dostoiévski (e, por como vão as coisas, não aprenderei russo nesta vida). Se é assim, não me parece exagero afirmar que a exatidão da ciência humana reside na capacidade de reconhecer e deixar claras suas próprias limitações. Ponto. E isso não é o ensaio?

Por que escrever sobre método?

Agora repasso as duas histórias para tentar demonstrar um pouco das razões desta minha escrita. Não preciso simular certezas. Nesta fase quase final do texto, prefiro desvendar por que me motivara a escrever acerca da expressão do método científico. Por que tenho a necessidade de compor sobre isso, de onde surge (ou onde está) o conflito? Tenho de apurar a mim mesmo essa questão não apenas a fim de confirmar a origem conflitiva da investigação, mas para – o que me é principal – aproveitar este momento de diálogo com meu texto, de emoção de finalização da obra, para desvendar minha própria relação com o tema; se sei que escrever sobre o ensaio quase nada me agregará economicamente (em meu país contam--se nos dedos os cientistas que sobrevivem de direitos autorais), se não me culminará em nenhum título universitário (daí não tenho compromisso com Sherazade), ou sequer me concederá algum prestígio específico. Ao contrário, pode depor contra mim no dia de uma eventual defesa de tese, porque se alguém quiser afirmar que até hoje não compreendi o método científico humano terei de reconhecê-lo em público; caso contrário teria de improvisar conclusões que nem aqui, em um texto curtido pelo tempo e pela revisão, conseguiram surgir.

Mas não posso renunciar a dizer que talvez eu guarde uma decepção com a ciência humana tal como tem sido produzida. O desgosto de, dedicando a vida a ela, até o momento não lograr dela retirar as respostas para os fatos que são claro estímulo a minhas reflexões – reflexões que, por sua vez, integram minha fonte de sobrevivência. Por isso a emoção ao saber que meu primeiro personagem morreu lembrando-se do pouco que contei sobre seu passado, ao mesmo tempo que, havendo eu escrito tanto (bem, não tanto) sobre teoria do Direito Penal, até agora não consegui expressar cientificamente a percepção que me fez buscar essa área do conhecimento como meio de vida. Fui claro? Talvez não, mas assim o é: em minha teoria não coube a pobreza do meu país, a corrupção endêmica, as cenas de tortura a que assisti (e que sei que continuam ocorrendo nos mesmos locais exatamente, enquanto a sociedade se diz transformada), nem a frieza inacreditável de um latrocida diante da vida alheia, que também me foi dado conhecer com alguma proximidade.

A decepção com a ciência

A ideia seria a de que eu pudera, se houvesse aqui escrito uma boa obra, afirmar que é possível fazer ciência considerando ao menos parcialmente essa experiência personalíssima. A capacidade narrativa o permitiria. Possivelmente a frase de Rosa Montero, que adrede guardei para este final, de que *o bom escritor fala dos outros quando fala de si, e o mau escritor fala sempre de si mesmo quando fala dos outros*, aparentemente sintetize grande parte do que defendo. Não, o ensaio não é mais do que isso: fazer objetiva ciência, porque, ao demonstrar meu próprio caminho, se bem relatado serve como caminho de todos os outros. Transcende. Ao contrário, sem dominar a narrativa, por mais objetiva que seja a tese, por mais que me centre em dados concretos de realidades empíricas, não ultrapassarei meu próprio mundo (este que, via de regra, não interessa à ciência). Esse pode ser um eficaz teorema das ciências humanas.

Não tenho alternativa senão retornar ao início do texto outra vez, e dizer que não desprezo a ciência, trazer mais circunstâncias de por que tudo isso surgiu, sob pena de meu caminho ser mal-interpretado: de um modo ou de outro o leitor merece mais informações para conhecer o que pensei. Tem de saber que temo muito a subjetividade extremada e a falta de lógica de alguns escritos, mas também tem de saber que acho a metodologia atual insuficiente para lidar com a complexidade das relações humanas. Nesse ciclo que nunca acaba, entendo a frase de Clarice, que em algum lugar afirmou que seu personagem se acostumara à estabilidade do ideal inatingível. Pode ser. Se este estudo servir para tentar comprovar essa cíclica estabilidade do incompreensível, não foi assim tão em vão. Em alguma parte deste texto, já devo ter dito que a impressão de que nossa própria vida ocorre em vão é ponto de partida de qualquer tese humana.

(Fim)

REFERÊNCIAS

[Nota-se que optei por retirar todas as notas de rodapé do corpo do ensaio. Mas sei que qualquer referência imprecisa colocaria a perder o que aqui defendo, no que concerne ao método. Então aqui apresento a origem de minhas referências, com remissão ao corpo do texto. Não é uma bibliografia exaustiva, por certo, mas é a realidade do quanto aqui utilizado.]

A citação de Epígrafe de Hanns Johst tem sua história: havia ido eu em busca da citação original, que achava ser de algum general franquista, como "Cuando oigo la palabra cultura, echo mano a la pistola". Pensei que seria a citação ideal para traduzir o positivismo nas ciências humanas, o rigor ilusório de método *in extremis*. Cheguei a encontrar alguma referência ao franquista Millán Astray; mas em um *blog* da internet, aparentemente confiável, dizia-se que o general Millán jamais havia proferido a assertiva; ao contrário, seria ele um literato, um talento cultural enrijecido nos tempos de guerra, porém com outras pistas cheguei à conclusão de que ele talvez houvesse soltado uma frase parecida (mas não a mesma), ao retrucar o famoso discurso de Unamuno [que os historiadores também tentam reconstruir através de anotações confusas e testemunhos, mas que certamente conteve a assertiva do Magnífico reitor salmantino "vencereis pero no convencereis"]. A origem da referência à mão à pistola é mesmo germânica. Consegui comprar o original da peça *Schlageter*, de Hanns Johst, na edição de 1933, toda em grafia *Fraktur* e de fato dedicada a Adolf Hitler ("für Adolf Hitler, in liebender Berehrung und unmandelbarer Treue"). Ali está: na discussão entre os personagens Leo Schlageter e Friedrich Thiemann, quando este defende a guerra e se diz fechado à salada de ideologias, até que dispara "Wenn ich Kultur höre ... entsichere ich meinen Browning!" (destravo o meu revólver). JOHST, Hanns, *Schlageter*, Munique: Albert Langen/Georg Müller Verlag, 1933, p. 26). Tempos depois vi a frase, pouco alterada, no filme *Mephisto*, de István Szabó, 1981, estrelado por Brandauer, em um diálogo entre o protagonista e o Führer alemão; a epígrafe de Ortega está em: ORTEGA Y GASSET, José, "Historia como sistema", *Revista de Occidente*, Madri, p. 61.

§ -2: Ao fim desse parágrafo, havia citado a frase de Auster, que afirma que "é difícil que todo escritor que acredite pisar em terreno firme produza algo de autêntico valor". Resolvi retirar a citação do corpo do texto porque ali me pareceria um reforço um tanto afetado, mas a honestidade me faz aludir a ela nestas referências. A frase está em AUSTER, Paul, *Invisible*, Barcelona: Anagrama, 2009, p. 85.

§ -1, IV: Refiro-me ao Capítulo XXIV de *Memórias póstumas de Brás Cubas*, de Machado de Assis: "Não tinha outra filosofia. Nem eu. Não digo que a Universidade me não tivesse ensinado alguma; mas eu decorei-lhe só as fórmulas, o vocabulário, o esqueleto. Tratei-a como tratei o latim; embolsei três versos de *Virgílio*, dois de *Horácio*, uma dúzia de locuções morais e políticas, para as despesas da conversação. Tratei-os como tratei a história e a jurisprudência. Colhi de todas as coisas a fraseologia, a casca, a ornamentação."

§ -1, III: Vargas Llosa apresentou como tese de doutorado um ensaio sobre García Márquez intitulado

Historia de un deicidio. Uma boa obra acerca da trajetória do escritor colombiano até então, a culminar com o seu *Cien años de soledad*. Infelizmente, Vargas Llosa condenou sua própria tese-ensaio, por motivos pessoais, e hoje poucos exemplares se preservam. Não encontrei no Brasil um exemplar, mas li – e atesto seu teor – um arquivo PDF que indica esta origem: VARGAS LLOSA, Mario, *García Márquez: historia de un deicidio*, Monte Ávila Editores/ Impresiones Barcelona-Caracas, 1971. Ali usa duas vezes a expressão "trabajo alimenticio" (encontro às pp. 44, 78, da minha versão digitalizada).

§ -1, I: A denominação "mau ensaio", de Adorno, aparece para mostrar que o ensaio em si não é condenável, como tantas vezes repetimos aqui. Friso talvez mais, que o autor alemão utiliza esse estilo para furtar-se à pesquisa. No original: "Das Unverantwortliche, an sich Moment jeglicher Wahrheit, die sich nicht in der Verantwortung gegenüber dem Bestehenden verbraucht, verantortet sich dann vor den Bedürfnissen des etablierten Bewusstseins; die schlechten Essays sind nicht weniger konformistisch als die schlechten Dissertationen" (p. 13).

§ 1º, II: Aludo ao filme de Almodóvar, *Abraços partidos* (*Abrazos Rotos*, Espanha, 2009, roteiro e direção de Pedro Almodóvar, produção de Esther García). No *pressbook*, disponível em www.abrazosrotos.com, o diretor espanhol esclarece: "Siempre he soñado hacer una película cuya historia se viera a través del *making of*. Los *making of* no sólo nos revelan secretos técnicos, sino también los secretos de las personas que se encargan de cocinar y articular la ficción, a veces de encarnarla"; depois faço citação da frase de GARCÍA MONTERO, Luís, *Un invierno propio*, Editora Visor. Não li o livro, e anotei a frase a partir do *podcast* do programa espanhol *La Estación Azul*, de 12.03.2011 (www.rne.es), dirigido por Ignacio Elguero. A fonte é bastante confiável, portanto.

§ 1º, III: Lembro de Adorno, no mesmo *Essay als Form*, dizendo que: "So wenig ein bloß Faktisches ohne den Begriff gedacht werden kann, weil es denken immer schon es begreifen heißt, so wenig ist noch der reinste Begriff zu denken ohne allen Bezug auf Faktizität" (p. 17); *Bestiario* de Cortázar é para mim um exemplo do que pode ser a construção de um mundo novo recheado de intencionalidade. Quando se lê cada um dos contos, nota-se que – conquanto não se possa compreender de imediato – cada elemento ali é colocado pelo autor para provocar uma reação direta no leitor, talvez calculada. Os animais que ali aparecem (os coelhos, o tigre, as formigas, ou a besta totalmente misteriosa de "A casa tomada") são, para mim, símbolos dos monstros que habitam (e, portanto, sempre estão lá) a imaginação do autor. Li a partir de CORTÁZAR, Julio, *Bestiario*, Buenos Aires: Editorial Sudamericana, 1969; refiro-me igualmente à coleção de obras também intitulada *Bestiario*, de Jorge de la Vega, artista plástico argentino. Tive a oportunidade de ver parte da coleção no MALBA/Constantini, em Buenos Aires.

§ 1º, IV: Aqui aparece pela primeira vez a referência ao *Discurso do método*, de Descartes. Creio que ele é premissa de todo este meu texto (como, novamente sem termo de comparação, é do *Essay als Form*, de Adorno. Embora eu creia que o autor alemão pudesse relativizar também as afirmações cartesianas). Recomendar a leitura do *Discurso* original é evidente, para que se desmascarem alguns mitos. O *Discurso*, por paradoxal que pareça, comprova o que aqui dizemos: ele não é um conjunto de dogmas, senão um criterioso ensaio. Como tal, permite que o leitor acompanhe a indignação do autor, sem necessariamente vincular-se a uma conclusão, vez que há outros fatores que se podem agregar na interpretação do texto cartesiano. Ponho-me a recortar um trecho final da primeira parte do *Discurso*, para comprovar o que digo, na versão espanhola que tenho: "Así, pues, tan pronto como estuve en edad de salir de la sujeción en que me tenían mis preceptores, abandoné del todo el estudio de las letras; y, resuelto a no buscar otra ciencia que la que podía hallar en mí mismo o en el gran libro del mundo, empleé el resto de mi juventud en viajar, en ver cortes y ejércitos, en cultivar la sociedad de gentes de condiciones y humores diversos, en recoger varias experiencias, en ponerme a mí mismo a prueba en los casos que la fortuna me deparaba, y en hacer siempre tales reflexiones sobre las cosas que se me presentaban que pudiera sacar algún provecho de ellas" (p. 38). O pensador francês destaca a importância da experiência pessoal, e, de modo metalinguístico, relata-a como argumento para a demonstração de sua própria razão. Então, no último de seus quatro preceitos do método ["Y en último, hacer en todo unos recuentos tan integrales y unas revisiones tan generales, que llegase a estar seguro de no omitir nada" (p. 47)] se deve interpretar seu "não omitir nada" como um "não omitir nada o que foi percebido, o que foi lembrado" no relato da experiência. Pessoal, ainda que com intento de generalização. Uso DESCARTES, René, *Discurso del método*, Buenos Aires: Espasa Calpe, 1939; nesse tópico cito também VILA-MATAS, Enrique, *Bartleby y compañía*, Barcelona: Anagrama, 2000; a indicação que de tal obra faz Javier Cercas está na crônica *La banda de los cinco*, em: CERCAS, Javier, *La verdad de Agamenón*, Barcelona: Tusquets, 2006, p. 63.

§ 2º: O documentário referente à biografia de Boris Pasternak é o Documentos RNE "Pasternak, el verdadero doctor Zhivago", dirigido por Juan Carlos Soriano, disponível no *podcast* de Radio Nacional de España. A cena da destruição da camisa assim se descreve: "I went back into the room and started walking around. I had on my old seersucker coat that had a hole in the elbow, no bigger than a dime. Phillip suddenly stuck a forefinger in the hole and ripped down. The whole sleeve came off from the elbow down. The whole sleeve came off from the elbow down. So then Al leaped in like a jackal and began ripping the coat off my back. The coat was so old it tore like paper. Soon it was hanging on me in shreds" (Cap. 11, Kindle Edition, a partir de *And the Hippos Were Boiled in Their Tanks*, Grove Press; Reprint edition, June 11, 2008). Este livro eu lera em outra edição pouco antes de minha experiência relatada no corpo do texto (BURROUGHS, William S. e KEROUAC, Jack, *Y los hipopótamos se cocieron en sus tanques*, Barcelona: Anagrama, 2010). Claro que queria reviver um pouco da literatura do ópio. A frase "Pues quien está fora de si nada aborrece tanto como volver a sí mismo" está no Cap. 5 de *Morte em Veneza*, na minha versão de MANN, Thomas, *Muerte en Venecia*, Buenos Aires: Planeta DeAgostini/La Nación, 2003. No original alemão assim se encontra: "Aber er fühlte zugleich, daß er unendlich weit entfernt war, einen solchen Schritt im Ernste zu wollen. Er würde ihn zurückführen, würde ihn sich selber wiedergeben; aber wer außer sich ist, verabscheut nichts mehr, als wieder in sich zu gehen" (*Projekt Gutenberg*: ebooks/12108).

§ 3º, I: O documentário biográfico sobre Delibes é também o Documentos RNE, episódio "La Obra de Miguel Delibes", emitido em 13.03.2010, dirigido por Juan Carlos Soriano, disponível no *podcast* de Radio Nacional de España.

§ 3º, III: A citação de Descartes está na mesma edição de *Discurso del método*, p. 68. A tradução que tenho de Darwin, de *A origem das espécies*, vem a partir da sexta edição, que creio ser a última acrescida pelo autor. É, portanto, de 1877. Há até mesmo uma interessante tabela sobre os vários acréscimos que fez o autor em sua obra. Nesses acréscimos, vê-se uma verdadeira narrativa sobre a aceitação do livro nas edições anteriores, e até mesmo sua relação com a religião. Diz, por exemplo, "Como recuerdo en un estado anterior de cosas, he conservado en los párrafos precedentes y otros más, varias frases que implican que los naturalistas creen en la creación separada de cada especie, y se me ha censurado mucho por haberme expresado así. Pero indudablemente está en la creencia general cuando apareció la primera edición de la presente obra. Antaño hablé a muchos naturalistas del asunto de la evolución, y nunca encontré una acogida simpática. (...) Actualmente, las cosas han cambiado por completo, y casi todos los naturalistas admiten el gran principio de la evolución" (p. 474). Mas, no que é relevante para o trecho do corpo de meu texto, vale lembrar que a última frase do ensaio de Darwin dá conta de que "Hay grandeza en esta concepción de que la vida, con sus diferentes facultades, fue originalmente alentada por el Creador en unas cuantas formas o en una sola (...)" (DARWIN, Charles, *El origen de las especies*, Madri: EDAF, 1965, p. 480).

§ 3º, **IV:** Faço referência a CERCAS, Javier, *Soldados de Salamina*, Barcelona: Tusquets, 2005; depois, do mesmo autor, à *Anatomía de un instante*, Barcelona: Mondadori, 2009. Em relação aos textos da polêmica entre Francisco Rico, Javier Cercas e Arcadi Espada, podem ser encontrados nos *sites* de internet dos respectivos periódicos dos artigos nas datas indicadas [*El País*, em 11.01.2011 e 13.02.2011 ("Rico al Paredón"); *El Mundo*, em 15.02.2011]. Mas a irritabilidade real de Cercas com o episódio pode ser mais notada em uma entrevista que realizou o programa *El Ojo Crítico*, de 23.02.2011 (23-F en *El Ojo Crítico: realidad y ficción*), disponível no www.rne.es. Naquele programa, interpretou muito bem seu apresentador Julio Valverde o texto de Javier Cercas ao resumi-lo como a afirmação de que "uma verdade moral não necessita uma verdade fática".

§ 4º, **I:** Refiro-me a Paul Auster no *The Invention of Solitude*, em que faz uma interessante digressão sobre a realidade e sua representação. E apenas acrescento – porque sempre tenho de fazê-lo notar, que se trata da *boa* representação, que vem sempre repleta de intencionalidade. Diz Auster: "In a work of fiction, one assumes there is a conscious mind behind the words on the page. In the presence of happenings in the so-called real world, one assumes nothing. The made-up story consists entirely of meanings, whereas the story of facts is devoid of any significance beyond itself." AUSTER, Paul, *The Invention of Solitude*, Londres: Faber and Faber, 1992, p. 146. Cito a fala de Pedro Almodóvar, *Todo sobre mi madre*, roteiro de Pedro Almodóvar, Espanha, 1999.

§ 4º, III: Cito novamente VARGAS LLOSA, Mario, *Historia de un deicidio*, na p. 101 de minha versão; cito ENDE, Michael, *Die undenliche Geschichte*, Stuttgart: Thienemann, 1979, em que aparece a frase "Aber das ist eine andere Geschichte und soll ein andermal erzählt werden". Esse é o bordão a que me refiro: "Essa é uma outra história, que terá de ser contada em outra ocasião." A edição brasileira é *A história sem fim*, pela Martins Fontes (p. 211).

4º, IV, a: Aludo a *Crónica de una muerte anunciada* que li nesta edição: GARCÍA MÁRQUEZ, Gabriel, *Crónica de una muerte anunciada*, Barcelona: Plaza & Janés, 2003. A tradução que tenho de Ulisses, de James Joyce, foi a elaborada por Houaiss, Rio de Janeiro: Civilização Brasileira, 2000. Finnegans Wake eu não li e a referência a sua estrutura cíclica faço apenas pelo senso comum, que consegui a partir de livros de literatura; o episódio do Soldado Amarelo, conhecido da literatura brasileira, está à p. 103 da edição que utilizei: RAMOS, Graciliano, *Vidas secas*, Rio de Janeiro: Record, 2008; o exercício de descrição de Saramago está em SARAMAGO, José, *Evangelho segundo Jesus Cristo*, Rio de Janeiro: Record, 1991, pp. 13-27.

§ 4º, V: Li Faulkner também a partir de tradução espanhola: FAULKNER, Willian, *Mientras agonizo*, Barcelona: Anagrama, 2000. Na contracapa está "Lo escribió, según él mismo explicaba, en seis frenéticas semanas, de madrugada, mientras trabajaba como bombero y vigilante nocturno de la central eléctrica de la Universidad de Mississipi"; também aludo a Jünger, neste trecho em que comenta sobre Wolfram, seu protagonista: "He aquí una peculiaridad de su talento: en su consciencia podían sembrarse palabras como semillas que tardan años o décadas en germinar". JÜNGER, Ernst, *Venganza tardía: Tres caminos a la escuela* (Drei Schulwege), Barcelona: Tusquets, 2009, p. 32.

§ 4º, VI: CARVER, Raymond, *Tres rosas amarillas*, Barcelona: Anagrama, 1997. Ali se indica que os relatos feitos fizeram parte da antologia *Where I'm Calling From*, publicada em Nova York em 1988; em *A quinta história*, Clarice demonstra, a partir do único ponto inicial da narrativa – "Queixei-me de baratas (...)" –, as várias possibilidades de eleger o momento em que o relato tem de encerrar. LISPECTOR, Clarice, *A legião estrangeira*, Rio de Janeiro: Rocco, 1999, pp. 82-4.

§ 4º, VII: Retirei a afirmação de que o tradutor lê seu texto em voz alta a partir de uma assertiva nesse sentido do escritor Konstantinos Kosmos, que traduziu Daniel Khelmann do original alemão ao grego. A declaração, em busca de responder à questão "Ist Kultur übersetzbar?", está no programa *Bücherwelt: ein Demonstrant mit Fliege un Hut*, de 18.12.2010, disponível no *podcast* de Deutsche-Welle; também me refiro ao quadro *Der Arme Poet*, de Carl Spitzweg. Existe uma polêmica sobre seu enigmático gesto com a mão direita (*vide* por exemplo o comentário que está na Wikipedia: "Lange wurde gerätselt, was der Poet mit den Fingern der rechten Hand macht"), mas me parece evidente que ele testa a sonoridade de seu poema. Logo depois faço referência a um verso de Cecília Meireles no *Romanceiro da Inconfidência* (Romance XXIV): "Liberdade – essa palavra/ que o sonho humano alimenta:/ que não há ninguém que explique, e ninguém que não entenda!" MEIRELES, Cecília, *Romanceiro da Inconfidência*, Nova Fronteira/Media Fashion, 2008, p. 101.

§ 5º, I: A entrevista com Lemmy Kilmister está na revista *Veja* de 27 de abril de 2011, p. 139.

§ 6º, I: A novela a que me reporto, no episódio da aeromoça, é a *Tokio Blues*. Veja: MURAKAMI, Haruki, *Tokio Blues: Norwegian Wood*, Barcelona: Tusquets, 2005, p. 10.

§ 6º, II: Menciono Machado de Assis como exemplo de citação desencaixada com algum embargo. Não me escapa que *Dom Casmurro*, não fosse uma história totalmente ficcional, seria o melhor dos ensaios. Ou é a melhor forma do ensaio: a proposta do autor para que lhe acompanhe o percurso dos fatos, mesclados a seu pensamento, e o ajude a tirar sua própria conclusão. A partir das informações e dos claros. Estruturas que hoje se fazem moda, como se pode ver nos filmes *A fita branca* (*das weisse Band*, Áustria, 2009), ou *Cisne negro* (Black Swann, USA, 2010), já eram, à sua maneira, utilizadas pelo escritor brasileiro.

§ 10, II: Uso a edição das *Mil e uma noites* da tradução do árabe ao espanhol realizada por Dolors Cinca Pinós e Margarita Castells Criballés (Barcelona: Destino, 2004).

§ 11: A alusão à cruz de giz vem da terceira cena de *Terror e miséria do Terceiro Reich*. In: BRECHT, Bertolt, *Furcht und Elend des drittes Reiches*, Frankfurt am Main: Suhrkamp, 1982, pp. 11-28; o Rap a que me refiro é a música *Vida Loka I*, dos Racionais MCs. Para minha área, do Direito Penal, ouvir as letras de Rap é, eu acho, obrigatório, mas isso, claro, é opinião muito pessoal; a premiação fictícia dos títulos do *Reino de Redonda* encontra-se, além de relatada em novelas do autor Javier Marías, descrita e comentada em seu site: www.javiermarias.es; aludo especialmente à novela de Hynes, que creio não existe tradução no Brasil, chamada *The Lecturer's Tale*, em cuja história fantástica Nelson, um professor universitário, adquire poderes sobrenaturais. Pela leitura rápida do texto, nota-se que o autor carrega na descrição do ambiente cruel e de baixas disputas da universidade. Talvez haja outras ficções nesse sentido, que eu gostaria de conhecer. O livro que tenho indica que Hynes é autor de uma novela com o também sugestivo nome de "Publish and Perish", HYNES, James, *The Lecturer's Tale*, Nova York: Picador, 2001.

§ **12, II:** Na entrevista de Rosa Montero está a frase "El autor joven siempre escribe de sí mismo aun cuando hable de los demás, y el autor maduro siempre escribe de los demás aun si habla de sí mismo. Ése es el lugar que hay que ocupar. La distancia con lo narrado. No importa que el tema sea 'personal' si lo escribes desde fuera", sob o título "Diez Claves para escribir bien, según Rosa Montero", no periódico *El País* de 29.11.2010. A citação final de Clarice Lispector é "Nesse dia, pois, ele conheceu uma das raras formas de estabilidade: a estabilidade do desejo irrealizável. A estabilidade do ideal inatingível". É do conto "Evolução de uma miopia", no mesmo *A legião estrangeira*, p. 81.

Utilizei alguns textos acerca da teoria literária e filosófica do ensaio, para poder escrever esta obra. A principal foi *Der Essay als Form* [O ensaio como forma], de Adorno. Claro está que foi a leitura desse texto (que li pela primeira vez em português – publicado pela Editora 34, com tradução de Jorge de Almeida, só depois busquei no original) que me deu, por assim dizer, confiança na plausibilidade deste ensaio. Por isso existe uma referência direta ou indireta ao texto original de Adorno, pois ele se propõe logo de início a discutir o desgaste do ensaio no meio acadêmico. Trata-se do primeiro texto do volume "Notas de literatura". In: ADORNO, Theodor W., *Noten zur Literatur*, Frankfurt am Main: Suhrkamp Verlag, 2003, pp. 9-33. Como Adorno diz que a lógica formal mais internalizada do ensaio é a "Ketzerei", a heresia, permito-me fazer aqui uma: acredito que o texto de Adorno peca por enaltecer demais seu objeto, o ensaio, com uma poética linguagem de paradoxos que, ao leitor de língua portuguesa, não escapa à comparação com os discursos de Pe. Vieira. Para a Academia talvez isso seja mesmo encarado como fator de risco. Também li integralmente a excelente obra de Gómez Martínez, *Teoría del ensayo*, que, além das considerações do autor, ao fim recolhe assertivas de 22 autores diversos acerca de, verdadeiramente, uma *aproximação* ao conceito de ensaio. Recorto aqui, entretanto, um trecho do próprio Gómez, sob a não generalização do ensaio, que acho extremamente acertada. Pensei em recortá-lo no corpo do texto, mas não era essa minha proposta, o que não significa que não haja me influenciado, portanto devo documentar. Diz o autor: "La brevedad del ensayo y el hecho de no pretender decir todo sobre el tema tratado no significan, por tanto, que el ensayista distancie lo considerado para poder así abarcarlo en una visión generalizadora. Todo lo contrario. La totalidad no importa. Se intenta únicamente dar un corte, uno solo, lo más profundo posible, y absorber con intensidad la savia que nos proporcione." GÓMEZ MARTÍNEZ, José Luís, *Teoría del ensayo*, Cidade do México: Universidad Autónoma de México, 1992, p. 42; também usei integralmente a obra de Pedro Aullón. O texto é mais hermético e faz considerações acerca do estilo de autores que são referência no gênero, como Lukács (a que Adorno se refere também, mas eu sinceramente não busquei, mas que sei tem um texto-referência chamado *Sobre a essência e forma do ensaio*), Max Bense (com "o ensaio e sua prosa", também citado pelo autor da escola de Frankfurt) e dentre eles o próprio Adorno, que representaria, segundo Aullón, "una obra maestra del género" (p. 54). Cf. AULLÓN DE HARO, Pedro, *Teoría del ensayo como categoría polémica y programática en el marco de un sistema global de géneros*, Madri: Verbum, 1992; utilizei também a obra de Willian Tanner, menos crítica porque mais antiga, mas que traz alguns elementos interessantes para a reflexão do que era o ensaio a seu tempo. Assim, dizia já o autor que o ensaio abre a conversa com o leitor, abre-se a confissões e ao humor. Não se trata exatamente da abordagem que aqui tentei fazer, mas não deixa de ser um marco americano no gênero, além de trazer muitíssimos exemplos, porém literários e por vezes quase ficcionais. Cf. TANNER, Willian M., *Essays and Essay-writing, based on Athlantic Monthly Models*, Boston: Athlantic Monthly Press, 1920.

IMPRESSÃO E ACABAMENTO

YANGRAF
Gráfica e Editora Ltda.
WWW.YANGRAF.COM.BR
(11) 2095-7722